Alexander S. Neill

dargestellt von Axel D. Kühn

rororo

Rowohlt

rowohlts monographien begründet von Kurt Kusenberg
herausgegeben von Wolfgang Müller

Redaktion: Uwe Naumann
Redaktionsassistenz: Katrin Finkemeier
Umschlaggestaltung: Walter Hellmann
Vorderseite: Alexander S. Neill, um 1932
(Aus: A. S. Neill: The Problem Parent. London 1932)
Rückseite: Alexander S. Neill beim Erzählen einer Geschichte
(Aus: Jonathan Croall: Neill of Summerhill. The Permanent Rebel. London, Melbourne, Henley 1983)
Frontispiz: Neill in Summerhill 1971

Originalausgabe
Veröffentlicht im Rowohlt Taschenbuch Verlag GmbH,
Reinbek bei Hamburg, September 1995

Satz Times PostScript Linotype Library, Quark XPress 3.31
Gesamtherstellung Clausen & Bosse, Leck
Printed in Germany
1290-ISBN 3 499 50549 5

Inhalt

Kindheit und Jugend

Zum Zeitpunkt der Geburt des vierten Sohns Alexander am 17. Oktober 1883 lebte die Familie Neill in der East High Street Nr. 16 in Forfar, einer kleinen schottischen Stadt nördlich von Dundee. George Neill, der Vater, arbeitete im zwei Meilen südlich gelegenen Kingsmuir als Schulleiter. Er war Sohn einer Bergarbeiterfamilie, die ursprünglich von Barra, der südlichsten Insel der Äußeren Hebriden, stammte, wo sie noch den Namen MacNeill geführt hatte. Als seine Mutter 1855 starb, war er erst vierzehn Jahre alt und wurde zu einer Tante in Pflege gegeben. Seine «neuen Geschwister» ließen das «Mac» weg und nannten ihn schlicht George Neill[1], wie es im neunzehnten Jahrhundert in Schottland nicht unüblich war.

Die Mutter von George Neills Frau Mary, Clunes Sinclair, kam ursprünglich von den Shetland-Inseln und war in Leith, nördlich von Edinburgh, Hausmädchen gewesen. Dort hatte sie den Hafenarbeiter Neil Sutherland geheiratet, der eines Tages ertrank. Später sollte Alexander Neill den Geburtsnamen seiner Mutter dem väterlichen Namen voranstellen – auch das ein nicht seltener Vorgang im damaligen Schottland. Alexander Sutherland Neill ließ sich jedoch stets «Neill» nennen[2] – und soll daher auch in diesem Buch so genannt werden.

Mary Sutherland hatte es den Bemühungen ihrer verwitweten Mutter zu verdanken, daß sie auf einem «Training College» zur Lehrerin ausgebildet wurde. Als sie jedoch ihren Lehrerkollegen George Neill heiratete, den sie an der Schule in Leith kennengelernt hatte, mußte sie ihre Stellung kündigen, da im damaligen Schottland verheiratete Frauen keinen Unterricht erteilen durften.[3] Sie bekam im Lauf ihres Lebens dreizehn Kinder, von denen acht überlebten (eine Totgeburt, vier starben bereits früh).

Die Situation einer Lehrerfamilie im ländlichen Schottland des ausgehenden neunzehnten Jahrhunderts war gekennzeichnet von stetem Geldmangel; gleichzeitig fühlte sich ein Schulleiterehepaar jedoch den «besseren Kreisen» der Gemeinde zugehörig. Am eifrigsten in ihren Bestrebungen, ihren höheren sozialen Status zu dokumentieren, war Neills Mutter: die Neill-Kinder waren die einzigen Kinder im Dorf, die auch

Neill im Alter von drei Jahren mit seiner Mutter

Das Schulgebäude in Kingsmuir auf einer Aufnahme aus dem Jahr 1968

während der Woche steife Kragen tragen mußten. Der Vater Neills scheint diesen Bestrebungen skeptisch gegenübergestanden zu haben, fügte sich jedoch den Ambitionen seiner Frau. *Als er sich einmal am Ringwerfen beteiligen wollte, schritt meine Mutter ein: «George Neill, denke an deine Stellung! Wie kannst du so tief sinken, mit Landarbeitern und Eisenbahnern zu spielen.» Daß Mutter solchen Nachdruck auf gesellschaftliche Stellung legte, engte uns, fürchte ich, ein. Wenn im Sommer die ganze Schule barfuß ging, mußten wir heiße Strümpfe und Schuhe tragen – und steifgestärkte Hemden.*[4] Über seine Mutter schrieb Neill später in seiner Autobiographie: *Sie war ein Snob, und sie machte Snobs aus uns.*[5] Dennoch versuchten die Neill-Kinder, den vermeintlichen Unterschied zwischen sich und ihren Spielkameraden diplomatisch auszugleichen: *Wir Söhne des Schulhauses hatten eine schwierige Rolle zu spielen. Wir sprachen breiten Dialekt mit unseren Spielkameraden, aber wenn wir die Türschwelle des Elternhauses überschritten, wechselten wir automatisch zu reinem Englisch.*[6]

Die mangelnde Anerkennung des Lehrerberufs ist ein immer wiederkehrendes Motiv in Neills Schriften. Es müssen die Erfahrungen der Kindheit gewesen sein, die seine Aufmerksamkeit auf diesen Sachverhalt lenkten. Tatsächlich waren die Lehrer in Schottland – wie auch Neills Eltern – häufig Söhne und Töchter von Bauern und Arbeitern. Von der ländlichen Bevölkerung wurde ihnen häufig Rebellion entgegengebracht – wenn die Kinder im Alter von vierzehn Jahren nicht mehr zur Schule gehen mußten, verhöhnten sie ihre einstigen Peiniger.[7] Die

Die Ortschaft Kingsmuir vor dem Ersten Weltkrieg

Lehrer hatten in der dörflichen Gemeinschaft einen niedrigen gesellschaftlichen Status.

Alexander Neill kam im Alter von viereinhalb Jahren in die Schule und begleitete fortan täglich seinen Vater auf dem zwei Meilen langen Weg von Forfar nach Kingsmuir, bis die Familie 1889 in das neu errichtete Schulhaus der kleinen Ortschaft einzog. Zu diesem Zeitpunkt war der Vater dort bereits dreizehn Jahre lang Schulleiter gewesen. Das Verhältnis Neills zu seinem Vater war außerordentlich problematisch: *Mein Vater machte sich nichts aus mir, als ich ein Kind war. Er war oft grausam zu mir, und ich entwickelte eine ausgesprochene Angst vor ihm, eine Angst, die ich auch als Mann nie ganz überwand.*[8] *Wenn ein Brotlaib einen besonders harten und unappetitlichen Knust hatte, schnitt mein Vater ihn mit einem Schlenker ab; mit einem weiteren Schlenker rollte er ihn in meine Richtung über den Tisch und sagte: «Gerade richtig für Allie.»*[9] «Allie» war der Name, den Neill in der Familie trug, weil seine elf Monate jüngere Schwester Clunie (Clunes – nach der Großmutter) als Kleinkind die Kurzform seines Namens, «Alec», noch nicht sprechen konnte und ihn Allie genannt hatte. In der Schule nannten ihn die Kinder «Saucers» (Untertasse, Suppenschüssel, Henkeltopf) aufgrund seiner abstehenden Ohren.

Der Unterricht an einer schottischen Dorfschule war geprägt von Zwang und Disziplin. Die Einkünfte des Schulmeisters orientierten sich am Schulerfolg seiner Zöglinge, den der Schulrat in regelmäßigen Inspektionen ermittelte. Die daraus resultierende Furcht des Vaters vor dem Urteil des Schulrats übertrug sich auf die Kinder. *[...] am Tag der Inspektion hatte mein Vater schlimme Kopfschmerzen, war bleich wie ein Stück Papier und stand offenbar vor dem Jüngsten Gericht.*[10] Als Mittel, den Schulerfolg der Kinder zu fördern, wurde die «tawse», eine Art Peitsche, eingesetzt. So mußten die Schülerinnen und Schüler zum Beispiel beim Lösen von Rechenaufgaben ihre Schiefertafeln aufeinanderstapeln oder sich melden – das Kind, das als letztes fertig war, wurde geschlagen. Auch die Kinder, die ihre Aufgaben nicht richtig gelöst hatten, bekamen Schläge. *Um nicht der Begünstigung geziehen zu werden, strafte mein Vater die eigenen Kinder mindestens so streng wie die anderen, und ich bekam mehr als meinen gerechten Anteil, wenn es für Lärm oder schlechtes Betragen Dresche gab: als ein Neill hätte ich mich von den bösen Buben distanzieren sollen. [...] Ich muß etwas sehr Abstoßendes an mir gehabt haben, denn meine Geschwister wurden gerechter behandelt.*[11]

Die strenge Zucht der eigenen Kinder in der Schule wurde durch eine ebenso strenge Behandlung zu Hause ergänzt: Pünktlich zur jeweils sel-

George Neill, Neills Vater, mit einer Schulklasse etwa im Jahre 1900. Hinten rechts steht Neill, seine Schwester Hilda ist in der ersten Reihe die siebte von links, May in der Reihe dahinter fünfte von links und Ada in der gleichen Reihe siebte von links.

ben Zeit blies der Vater in eine Trillerpfeife, um die Kinder zu ihren Hausaufgaben hereinzurufen. Neill, der das unbegabteste der Kinder war, tat sich am schwersten und war häufig der letzte, der wieder zum Spielen hinaus durfte.

Der Schulunterricht des Vaters hatte aber auch lichtere Seiten, wenn er zum Beispiel eine Unterrichtsstunde abhielt, die er «Intelligenz» nannte. *Wir bildeten einen Halbkreis, und wenn derjenige unter den Jungen und Mädchen, der den ersten Platz innehatte, nicht die richtige Antwort wußte, rückte derjenige, der sie wußte, auf den ersten Platz auf. Einmal kam auch ich auf den ersten Platz. Es ging um das Wort «evident», und ich sagte, es heiße «leicht zu sehen». Aber hinterher hatte ich ein schlechtes Gewissen. Ich kannte das Wort aus einer Redensart meines Bruders Willie, die ich kurz zuvor aufgeschnappt hatte: «Das ist evident, sagte der Affe, als er auf das Tischtuch schiß.» Und ich hatte das unbestimmte, beängstigende Gefühl, das stehe in irgendeinem Zusammenhang mit dem Wort «Scheiß», und mein Vater wisse das.*[12]

Clunes Sinclair, die Großmutter mütterlicherseits, die Alexander zu ihrem Lieblingsenkel erwählt hatte, versorgte ihn häufig heimlich mit Süßigkeiten, wenn er wieder einmal als letzter über seinen Hausaufgaben brütete. Sie lebte bis zu ihrem Tod im Jahr 1897 im Haus der Familie Neill, und sie war es, die für die religiöse Erziehung der Neill-Kinder sorgte. *Ich saß an einem Sonntag mit Deadwood Dick in der Hülle einer Familienbibel, und meine alte Großmutter streichelte meinen Kopf und sagte mir, ich sei ein vielversprechender Junge.*[13]

Der schottische Calvinismus, unter dem Neill in seiner Kindheit litt, hatte mit den sonntäglichen Kirchgängen der Familie nichts zu tun. *Das war ein gesellschaftliches Ereignis, bei dem man seine Kleider vorzeigte und Leute traf. […] Als ich dann dreizehn oder etwas älter war, wurde die Kirche tatsächlich zu einem Ort der Anbetung, denn das Mädchen in der ersten Reihe der Empore gegenüber war meine Göttin.*[14]

Der Einfluß des Calvinismus auf das Bildungswesen und die Erziehung in Schottland ist nicht zu übersehen. Noch bis 1872 waren alle Schulgründungen und die Gestaltung der Lehrpläne auf Repräsentanten der Kirche oder religiös motivierte Bürger zurückzuführen, und diese Tradition lebte während Neills Schulzeit und weit darüber hinaus in Schottland fort. John Knox, Vertreter der Lehre Calvins in Schottland und Gründer des durch ihn geprägten schottischen Calvinismus im sechzehnten Jahrhundert, war in seinen Erziehungsideen ursprünglich von einer Demontage römisch-katholischer Einflüsse ausgegangen. Diese Ideen, niedergeschrieben in einem Text mit dem bezeichnenden Titel «The Book of Discipline» (1621 veröffentlicht), hatten zu einem Erziehungssystem geführt, das ausschließlich auf die protestantische Kirche ausgerichtet war. So wurden beispielsweise bis 1861 nur Lehrer rekrutiert, die sich offen von den Lehren der «päpstlich katholischen Kirche»[15] distanzierten. Knox' Erziehungsphilosophie richtete sich gegen «zuviel Freiheit»[16] der Kinder und zielte auf einen durchgeplanten Unterricht in Fertigkeiten wie Lesen, Grammatik und Sprachen sowie – selbstverständlich – die Kenntnis des Katechismus.[17] *Wir wurden nicht richtig in Religion unterwiesen; das war eine Sache, die in der Luft lag – eine Atmosphäre der Lebensverneinung.*[18]

Die Armut zwang Neills sonst so sehr auf ihren Stand bedachte Mutter, ihre Kinder zur Kartoffelernte zu schicken. *[...] es kam der Tag, da die ökonomischen Umstände stärker wurden als der Snobismus. Mit dreizehn wurde ich in die Erdbeeren und in die Kartoffeln geschickt – und ich haßte die Schufterei.*[19] Bereits in Neills erstem Buch *A Dominie's Log (Das Tagebuch eines Schulmeisters)*, im Jahr 1915 geschrieben, rekapituliert er seine Empfindungen während der *«Tattie holidays»*[20] (Kartoffelferien): *Ich hatte kaum Zeit, meinen Rücken zu strecken. Ich hatte den ganzen Tag nur einen Gedanken: Wann wird die Sonne im Westen untergehen?*[21] In Neills späteren Büchern über Erziehung ist das Ernten von Kartoffeln häufig das Musterbeispiel für Arbeiten, die Kindern nicht zumutbar sind.

Im Alter von 38 Jahren schreibt Neill den Roman *Carroty Broon*, eine *fiktionale Autobiographie meiner Kindheit*[22]. Der Roman erzählt die Kindheit des rothaarigen Peter Brown (Alexander Neill wurde in seiner Kindheit aufgrund seiner roten Haare auch «Sandy» genannt[23]). Kindliche Verliebtheit, die Auseinandersetzung mit der Religion, das strenge Schulwesen und die Armut der schottischen Landbevölkerung werden geschildert. Insbesondere die Darstellung der Erfahrungen, die der kleine Peter während der Kartoffelernte macht, stimmen mit Neills früheren und späteren Schilderungen dieser «Schufterei» überein. Als Peter sich entschließt, Erfinder zu werden, experimentiert er mit Fahrrädern[24], wie Neill es im Alter von dreizehn Jahren tat. Die Wanderprediger, die vorübergehend die kleine Gemeinde Peter Browns missionieren, bis sie nach deren Abschied wieder in Sünde verfällt[25], waren auch in Neills Heimatort.

Der kleine Peter wird am Anfang des Buchs von der Mutter dabei erwischt, wie er und seine Schwester ihre Geschlechtsteile vergleichen. Die darauffolgende Prügelstrafe[26] schildert Neill ähnlich wie eine vergleichbare Situation in seiner Autobiographie. Darin berichtet er, daß er mit seiner Schwester Clunie bei der gleichen Tätigkeit erwischt wurde.

Aufgrund der altersmäßigen Nähe entwickelten Neill und Clunie während ihrer Kindheit eine enge Beziehung. Die beiden älteren Brüder, Willie und Neilie, bildeten ein weiteres eng verbundenes Geschwisterpaar in der Familie, und von den jüngeren Geschwistern erwähnt Neill lediglich die Schwester May als ausgesprochene Familienrebellin, die sich stets gegen die Eltern auflehnte und dementsprechend häufig Schläge einstecken mußte. Neill fühlte sich bis zu deren Tod stark an Clunie gebunden.[27]

Edinburgh, um 1900

Neill war früh ein begeisterter Leser von «Penny-Dreadfuls» (Groschenheften) geworden. 1915 zählt er eine Liste von Titeln auf, an die er sich erinnert: *The Prisoner of Zenda, Ruppert of Hentzau, King Solomon's Mines, Montezuma's Daughter, The Four Feathers, A Gentleman of France, White Fang, The Call of the Wild, The Invisible Man, The War of the Worlds, The War in the Air, Dr. Nicola, A Bid for Fortune, Micah Clarke…*[28] Im Lauf seiner Kindheit befaßte er sich über diese Groschenromane hinaus aber auch mit anerkannten Autoren. So las er Charles Dickens, William M. Thackeray, H. G. Wells, William W. Jacobs, Anthony Hope, Rider Haggard und Marie Corelli. Gemeinsam mit Clunie schrieb er an einzelne Autoren, schilderte seine Leseerfahrungen, stellte Fragen und bat um Autogramme. Er war tief enttäuscht, keine Antworten zu erhalten. Der im benachbarten Kirriemuir geborene Verfasser des «Peter Pan», James Matthew Barrie, wurde den Kindern stets als leuchtendes Beispiel vor Augen geführt. Neill sollte in späteren Jahren lange bemüht sein, diesem Vorbild nachzueifern.

Als Neill vierzehn Jahre alt war, starb die Großmutter Clunes Sinclair. Zugleich endete in diesem Alter seine Schulzeit. Anders als seine Geschwister wurde er nicht auf die weiterführende Schule in Forfar geschickt: *Meine Brüder und Schwestern wechselten zur Akademie in Forfar, nachdem sie das fünfte Examen bestanden hatten, aber ich kam nie dahin. Ich war die meiste Zeit ein schlechter Schüler, und es wurde angenommen, daß der Besuch der Akademie eine Zeit- und Geldverschwendung sei.*[29] Statt dessen nahm Neill auf Anweisung seines Vaters eine Arbeit als

Schreibkraft in einer Gaszähler-Fabrik in Leith (W. & B. Cowan) bei Edinburgh auf. Er hatte sich um diese Stelle mit einem handschriftlichen Bewerbungsschreiben bemüht und bekam sie schließlich aufgrund seiner schönen Schrift. *Ich hatte ein Talent: Ich konnte Schönschreiben.*[30] Auf diese Fähigkeit war Neill noch in hohem Alter stolz.

Die städtische Atmosphäre Edinburghs war neu und aufregend für ihn, aber die Arbeitsverhältnisse waren – bis auf den Umstand, daß er mit «Mister Neill» angeredet wurde – sehr unerfreulich. Sein Verdienst war gering, und zu einem großen Teil schickte er ihn heim nach Kingsmuir, um die Familie zu unterstützen. Er teilte sich ein Zimmer mit seinem Bruder Neilie, der in einer Mühle arbeitete. Als Neilie seine Arbeit verlor und heimfuhr, überwältigte den zurückgebliebenen Neill das Heimweh. Er schrieb herzerweichende Briefe nach Kingsmuir, und sieben Monate später ließen ihn die Eltern heimkehren.[31]

Beide Brüder, Alexander und Neilie, sollten sich nun auf die Aufnahmeprüfung für den Verwaltungsdienst vorbereiten. *Aber die Geschichte wiederholte sich: wir konnten uns nicht konzentrieren. Eines Nachts warf Vater uns verzweifelt die Lehrbücher an den Kopf und sagte, er gebe auf: «Sie taugen zu nichts, Mary.»*[32] Die beiden Taugenichtse machten unterdessen ihre ersten erotischen Erfahrungen. *Diese Flirts gingen meist nicht sehr tief; man saß in der Dämmerung auf einer Bank, knutschte und küßte einander.*[33] Schließlich begann Neill mit einer durch den Vater ausgewählten Lehre bei «Anderson & Sturrock», einem Tuchhandel in Forfar. Eine Lehre beim örtlichen Apotheker, für die er zuerst vorgesehen gewesen war, absolvierte sein Bruder Neilie über die nächsten vier Jahre. Die Arbeit beim Tuchhändler mußte Neill nach kurzer Zeit aus gesundheitlichen Gründen aufgeben. *Meine Hauptaufgabe bestand darin, Päckchen auszutragen. Einmal mußte ich eine ganze Meile laufen, um eine Tüte mit Krimskrams im Wert von einem Penny abzuliefern, weil eine Dame der Oberschicht sie nicht selber tragen wollte.*[34] Bei diesen Botengängen entzündeten sich Neills Zehen und wurden nach und nach steif. Sie blieben es für den Rest seines Lebens. Er hatte außerordentlich große Füße, stets zu kleine Schuhe und fürchtete wegen dieses Umstands dauernd den Spott seiner Umwelt. Als Gegenstück zu den Dorfmädchenabenteuern verlegte er sich während dieser Lehre darauf, Mädchen der höheren Gesellschaftsschichten zu idealisieren. Als er schließlich einmal einer dieser Angebeteten vorgestellt wurde, war es ein enttäuschendes Erlebnis. *[...] die Nähe beraubte sie für mich ihres Glorienscheins, und ich mußte mir ein anderes, wirklich unerreichbares Objekt aussuchen.*[35]

Erste Lehrjahre

«Es ist hoffnungslos mit dem Jungen», sagte mein Vater düster. «Dann soll er Lehrer werden», schlug meine Mutter vor. «Dafür könnte es genügen», sagte mein Vater grimmig und ohne zu lächeln.[36]

Am 2. Mai 1899 wurde Neill «pupil teacher» an der Schule seines Vaters in Kingsmuir. Diese Form der Lehrerausbildung war damals in England und Schottland üblich. Sie bestand in einem Tutorensystem, in dem ausgewählte ältere Schüler die jüngeren unterrichteten, und erstreckte sich auf vier Jahre. Nach dieser Zeit entschied es sich, ob die Aspiranten eine akademische Ausbildung anschlossen oder weiter fachpraktisch ausgebildet wurden. Neill war zu diesem Zeitpunkt gerade einmal fünfzehn Jahre alt und hatte in der neuen Position nicht weniger Schwierigkeiten, als er in seinen bisherigen Arbeitsstellen gehabt hatte. Erneut war er Schüler seines strengen Vaters, und der Umstand, daß er gleichzeitig Lehrer der jüngeren Kinder war, erleichterte ihm sein Leben erst allmählich. *Ich fand heraus, daß man etwas am besten lernt, wenn man es lehrt.*[37] Er entwickelte für die einzelnen Fächer, die er unterrichten mußte, zum Teil ein so starkes Interesse, daß er beispielsweise in Mathematik Privatstunden bei Ben Thomson, dem späteren Rektor an der Akademie in Forfar, nahm. *Ich denke, er war ein Genie im Unterrichten, und ich habe nie wieder einen Lehrer gesehen, der sich so viel Mühe mit seinen Schülern gab. Ich weiß, daß ich ein schwerfälliger Schüler war, aber er opferte Stunden seiner Zeit, um mich verstehen zu machen.*[38]

Während der Ausbildungszeit entwickelte Neill zusammen mit Neilie weitere Ambitionen. Sie traten einem *Verein zur Pflege der darstellenden Künste*[39] bei und drangen damit in höhere Gesellschaftsschichten vor. *Hastig erwarb ich ein Buch über Etikette, das allerdings keine große Hilfe war, weil es sich zu sehr darauf konzentrierte, wie man Bischöfe und Fürsten anredete.*[40] Die kulturellen Bestrebungen, die mit dem Vereinsbeitritt einhergingen, erschöpften sich bei Neill auf die Lektüre *moderner Poesie*[41], die ihm sein Bruder Willie nahegebracht hatte. Alle Kinder der Familie Neill hatten ein Instrument gelernt; lediglich Neill erhielt nie Musikunterricht. Seine gelegentlichen Versuche, das Klavierspiel zu lernen, scheiterten kläglich.

Am Ende des vierten Jahres seiner Ausbildung stand eine Prüfung, die darüber entschied, ob er zum Teacher-Training-College zugelassen wurde. *Ich erinnere mich, daß es 104 Kandidaten gab. Ich wurde 103. auf der Liste und konnte nicht hinein. Natürlich habe ich seitdem eine schlechte Meinung über die akademische Lehrerausbildung.*[42] Ihm blieb nun lediglich die Möglichkeit, als «ex pupil teacher» weiterzuarbeiten, wenn er weiterhin Lehrer werden wollte. Das «ex pupil»-Lehrer-System war eine fachpraktisch orientierte Lehrerausbildung, die diejenigen Lehrer hervorbrachte, die später als «Hilfslehrer» die *niedrigsten Würmer im Garten der Bildung*[43] darstellen sollten, weil sie in den akademischen Fächern keine besonderen Leistungen brachten.

Daß er an dem Ziel, Lehrer zu werden, keine Zweifel hegte, mag seine Ursache in dem Umstand haben, daß er in der vierjährigen Ausbildung bei seinem Vater Gefallen an der Rolle des Lehrers gefunden hatte. Ebenso bedeutsam mag sein, daß er sich immer noch nicht von der unbedingten Autorität seines Vaters gelöst hatte, und da George Neill den Lehrerberuf als einzige Möglichkeit für seinen Sohn ansah, unterwarf sich Neill schließlich dem Urteil des Vaters.

Neill wurde «ex pupil teacher» an der «Jane McKinley School» im südlich von Edinburgh gelegenen Bonnyrigg. Hatte er vorher noch die Unterrichtsmethoden seines Vaters als streng empfunden, lernte er nun, was für ein Regiment an einer schottischen Dorfschule möglich war. Jane McKinley, die bereits seit 35 Jahren Leiterin der Schule war, litt an Arthritis und saß im Rollstuhl. Schüler, die auch nur mucksten, mußten zu ihr nach vorn kommen und sich Schläge mit dem «Strap» (Riemen) abholen. Von Neill wurde erwartet, daß er diesen Unterrichtsstil auch betrieb. Gerade acht Wochen hielt er es an dieser Schule aus, bevor er an die Kingskettle School in Fife wechselte. Er kam vom Regen in die Traufe: *Hier war die Disziplin eher noch strenger als in Bonnyrigg. Drei Jahre lang mußte ich den strengen Zuchtmeister spielen. Das Klassenzimmer von Calder, dem Schulleiter, war von meinem nur durch eine Glaswand getrennt, und sein scharfes Auge sah alles, was bei mir vorging.*[44]

James Calder setzte seine Schülerinnen und Schüler einem nahezu militärischen Drill aus. Er machte rücksichtslos von seinem Riemen Gebrauch und erwartete dieselbe Attitüde bei den ihm untergebenen Lehrern.[45] *Kingskettle war und blieb ein Schrecken für mich. Es muß in jenen Jahren Zeiten gegeben haben, in denen ich fröhlich war, aber hauptsächlich erinnere ich mich an Angst […].*[46] Trotz der ihm sehr widerstrebenden Bedingungen entwickelte Neill in der Zeit in Kingskettle viele neue Interessen, die ihm – als er noch unter der Obhut seiner Eltern stand – ferngelegen hatten. So wurde er beispielsweise Anhänger der Tories, der konservativen Partei, und bewarf später Winston Churchill, den Kandidaten der Liberalen, mit einer Tomate, weil die hübsche Tochter des Tory-Kandidaten, Ella Robertson, ihn dazu *anstachelte*[47].

Neill wurde Mitglied des «Freiwilligen Korps», einer quasimilitärischen Einheit, die Schießübungen durchführte (er gewann dabei einmal einen ersten Preis) und sogar Manöver abhielt. Die Prüfung zum Sergeanten bestand der bisher nicht erfolgsverwöhnte Hilfslehrer ohne Schwierigkeiten. *Allerdings bekam ich nie meine Sergeantenstreifen, obwohl ich die Prüfung mit Glanz bestanden hatte; denn ich verließ Kingskettle und trat aus dem Korps aus.*[48] Zur Teilnahme am «Freiwilligen Korps» hatte ihn der Sohn seiner Zimmerwirtin angeregt. Mrs. Tod, eine Bäuerin, verwöhnte Neill, und er fühlte sich wie ein Teil der Familie.

Noch während der Zeit in Kingskettle erwog Neill, Geistlicher zu werden, weil sein älterer Bruder Willie diese Laufbahn eingeschlagen hatte. Er wurde Schüler von Reverend Aeneas Gunn Gordon, der erwachsene Gemeindemitglieder auf das Universitätsstudium vorbereitete.[49] Neill lernte Griechisch, da er diese Sprache im Kirchendienst beherrschen mußte. Reverend Gordon – mit dem Neill bald eine tiefe Freundschaft

Willie Neill als junger Geistlicher

verband – brachte ihm die klassische Literatur nahe. So las er Dante, Tasso, Homer, Herodot sowie John Milton und die historischen Essays von Thomas B. Macaulay.

1906 nahm Neill einen Posten als Konrektor der Newport Public School in Fife nahe der Industriestadt Dundee an. Seit er die dazugehörigen Prüfungen bestanden hatte, trug er die Berufsbezeichnung «Hilfslehrer», eine Voraussetzung für die Annahme des Postens in Newport. Damit verdiente er nun bereits 100 £ im Jahr.

Zwar wurde an dieser Schule ebenfalls die Prügelstrafe eingesetzt, aber Neill war in seinen Lehrmethoden schon so eigenständig, daß er freiwillige Natur-Exkursionen durchsetzen konnte. Sein Vorgesetzter Harry M. Willsher erleichterte ihm seine Experimentierfreude: *Willshers Disziplin war unbeschwert – es scherte ihn wenig, wieviel die Kinder schwatzten –, und vom ersten Tag an liebte ich die Schule. Die zwei Jahre in diesem südlichen Vorort von Dundee waren vielleicht die glücklichsten Jahre, die ich bis dahin erlebt hatte.*[50]

Sein Selbstbewußtsein als Lehrer konnte sich in dieser Atmosphäre festigen, und er gefiel sich geradezu in der Rolle des unkonventionellen Schulmeisters. Auch in seiner Art, sich zu kleiden, beschritt er neue Wege – Neill beschreibt sich als den ersten Mann am Ort, der ohne Hut auf der Straße erschien, und er habe häufig die altertümliche bunte Weste seines Großvaters mütterlicherseits getragen. Auch weiterhin sollte Neill es sich zur Gewohnheit machen, eigenwillig gekleidet zu sein.

Zusätzlich zu seiner Arbeit an der Schule nahm er eine Beschäftigung als Privatlehrer bei einer wohlhabenden Familie an. Die Familie Leng, die ihn als Nachhilfelehrer für einen ihrer Söhne beschäftigte, ermöglichte ihm eine Art gesellschaftlichen Aufstiegs: *Ich wurde von den Lengs zu einem Ball eingeladen. So erfüllte sich endlich mein sehnlichster Wunsch: ich hielt Einzug in die feine Gesellschaft.*[51] *Für mich war Newport eine Gelegenheit, meine snobistischen Träume zu verwirklichen.*[52] Er genoß die immer häufiger werdenden Theater- und Opernbesuche: *Ich hörte Faust, Tannhäuser, Lohengrin und Carmen. Dank irgend jemandes Organisationstalent hörte ich Sonntagskonzerte für einen Shilling und lernte auf diese Weise Pachmann, Paderewski, Siloti, Elman und unseren schottischen Lamond kennen. Ich war von ihren Namen stärker beeindruckt als von ihrer Musik…*[53]

In die Zeit in Newport fällt auch Neills erste große Liebe. Eine Schülerin namens Margaret Ritchie weckte in Neill romantische Gefühle. *Um sie zu werben, schien mir nicht so wichtig. Wichtiger war es, sie anzubeten.*[54]

In den letzten Wochen, die Neill in Newport unterrichtete, schloß er sowohl seine Examen in der Lehrerausbildung als auch die zweite Hälfte der Aufnahmeprüfung zur Universität ab. Es stand für Neill fest, daß er ein Hochschulstudium aufnehmen würde, statt weiterhin an schottischen

Dorfschulen zu unterrichten. Seine Zuneigung zu der bisher stets abweisenden Margaret Ritchie machte ihm diese Entscheidung nicht leichter. *[...] an dem Abend, bevor ich die Schule verließ, warf sie mir plötzlich die Arme um den Hals und sagte: «Mr. Neill, Sie sind ein Schatz.» Verdammtes Mädchen. Das hätte den Bann brechen sollen. Doch es machte sie nur noch begehrenswerter.*[55]

Neill nahm Jahre später wieder den Kontakt zu Margaret Ritchie auf, und es entwickelte sich eine erstaunliche Freundschaft, in der die mittlerweile alte Dame, die stets *ein Kind der unteren Mittelklasse*[56] geblieben war, ihre Sicht der Welt noch einmal grundlegend änderte.

Die nicht erwiderte Liebe allein kann nicht die Flucht aus dem Lehrerberuf erklären. Neill hatte sich mit seinen eigenwilligen Lehrmethoden, seinen Unterrichtsexperimenten und der Vorliebe für das Unkonventionelle nicht nur Freunde geschaffen. Er mußte im Kollegium manchen Kampf ausstehen, und auch der in der Regel sehr freisinnige Schulleiter stimmte nicht immer mit Neills Ideen überein. Dadurch wurde dem jungen Lehrer sehr schnell bewußt, daß das schottische Schulsystem seinen Ambitionen sehr früh enge Grenzen setzen würde und daß die Freiheit eines Universitätsstudiums seinem Charakter wesentlich eher entgegenkäme.[57]

Ursprünglich hatte Neill geplant, Schottlands «erste Universität»[58], die St. Andrews-Universität südwestlich von Dundee, zu besuchen. Nachdem jedoch ein Freund seines Vaters vom Studium der Agrarwissenschaften an der Universität in Edinburgh geschwärmt hatte, änderte er seine Pläne. *Der Umstand, daß ich bereit war, Agrarwissenschaften zu studieren, zeigt, wie unstet ich war. Ich interessierte mich nicht für Landwirtschaft und wußte, daß ich mich nie dafür interessieren würde. Ich akzeptierte den Vorschlag, diese Laufbahn einzuschlagen, wie man eine Aufforderung zum Tennisspielen annimmt – weil man gerade nichts Besseres vorhat.*[59]

Studium und erste akademische Beschäftigung

Im Oktober 1908, also mit 25 Jahren, begann Neill an der Universität Edinburgh Agrarwissenschaften zu studieren.

Er teilte sich ein Zimmer mit seinem Bruder Neilie, der gerade sein Medizinstudium abschloß, und die beiden lebten in recht ärmlichen Verhältnissen. *Wir zankten uns ständig wegen der Aufteilung unseres Essens, bis wir einen vernünftigen Plan entwickelt hatten: Neilie teilte das Hauptgericht in zwei Portionen auf, und dann wählte ich eine.*[60]

Das agrarwissenschaftliche Studium erwies sich als schwieriger denn erwartet. *Mein Professor war MacGregor, und ich kann ehrlich sagen, daß ich in seinen Vorlesungen nie ein Wort verstand. Ich bestand die Prüfung und habe bis zum heutigen Tag keine Ahnung, wieso ich sie bestand. Zu diesem Zeitpunkt hatte ich entdeckt, daß Naturwissenschaften nicht meine Berufung waren, und ich wechselte zu Englisch.*[61] Plötzlich fesselte ihn das Studium: er las Wells, Shaw, Barrie, Spenser, Chaucer, Pope, Dryden, Shakespeare, Marlowe, Congreve, Sheridan, Wycherly, Coleridge, Tennyson, Dr. Johnson, Keats. Darüber hinaus wurde er zum Liebhaber der gesellschaftskritischen Dramen Henrik Ibsens, begeisterte sich für die Musik Richard Wagners und las Friedrich Nietzsche.

Er wandte sich sozialistischen Ideen zu und wurde schließlich Herausgeber des Universitätsmagazins «The Student». Schon sein Bruder Willie hatte während seines Studiums an der St. Andrews-Universität die dortige Studentenzeitschrift herausgegeben, und Neill war damals bereits bestrebt gewesen, ihm nachzueifern. In den Editorials, die Neill für «The Student» verfaßte, lehnte er sich sowohl gegen die Form der universitären Lehre als auch gegen allgemein gängige Erziehungsmethoden auf. So schrieb er in der zweiten Märzausgabe 1912: *[...] wir haben uns widerwillig dafür entschieden, unsere Professoren für alles andere als gute Lehrer anzusehen. Viele von ihnen sind tatsächlich überhaupt keine Lehrer, sie sind ausschließlich Vorleser. Im zwanzigsten Jahrhundert sind Vorlesungen ein Anachronismus. Ihr System geht auf die Zeit vor der Einführung des Buchdrucks zurück, und unsere Universitätsausbildung hat sich nicht wesentlich von der vor einigen Jahrhunderten weiterentwickelt. [...] Unsere Professoren stehen schon zu lange auf Sockeln, und Sockel*

Neill als Student kurz vor dem Examen 1912

sind in diesen Tagen der Streiks und des Ketzertums unpopulär. Im übrigen sind Statuen kalte Dinge.[62] Professoren, resümierte Neill, sollten erst dann an Universitäten lehren, wenn sie bereits in Grund- und Mittelschulen praktiziert hätten.[63] In der vorhergehenden Ausgabe des Magazins hatte Neill das Prüfungssystem attackiert. Die Studenten seien

Neill (hintere Reihe ganz links) auf einer Konferenz der Universitätszeitungen an der St. Andrews-Universität 1912

gezwungen, die Meinungen der Lehrenden wiederzugeben, und die Lehrenden sähen sich durch die Studierenden bestätigt. *Allgemein ausgedrückt können wir sagen, daß die meisten Examen das Wissen testen und nicht die Fähigkeit zu denken. Ja, individuelles Denken wird behindert. […] Kurz gesagt, das System korrumpiert die Moral, nicht nur die des Schülers, sondern auch die des Meisters.*[64]

Als Herausgeber der Studentenzeitung bekam Neill Freikarten zu kulturellen Veranstaltungen, und es war seine Aufgabe, für «The Student» Konzert-, Theater- und – seit der Einführung des Stummfilmkinos – Filmkritiken zu schreiben. So nahm er am kulturellen Leben der Universitätsstadt Edinburgh starken Anteil und kollidierte dabei gelegentlich mit seinen begrenzten ökonomischen Möglichkeiten. *[…] einmal wurden eine Woche lang Opern gespielt – Die Meistersinger, Orpheus, Elektra und einige andere –, und ich ging jeden Abend zu diesen feierlichen Ereignissen hin. Gegen Ende der Woche mußte ich mein eines weißes Smokinghemd sorgfältig mit Kreide bearbeiten, damit es wieder anständig aussah.*[65]

Die chronische Geldknappheit machte ihm zu schaffen, und er verdiente gelegentlich etwas hinzu, indem er Kurzgeschichten für den «Glasgow Herald» schrieb und mit Tusche Postkarten von Alt-Edinburgh malte.[66] In seinem zweiten Studienjahr gewann er bei einem Preis-

ausschreiben 40 £. Er deponierte die für die Zeit recht beachtliche Summe auf der Bank und lebte eine Weile davon. Auf den Umstand, daß er diesen Betrag nicht wie ein befreundeter Student, der etwa zur gleichen Zeit eine Erbschaft machte, unmittelbar ausgab, war er sein ganzes Leben lang stolz.[67]

Neills zumeist wohlhabende Mitstudenten erscheinen im Licht seiner Beurteilung häufig als kleingeistig und wenig originell. So war die Art, wie die farbigen Studenten aus den Kolonien behandelt wurden, ein steter Anlaß für Neills Ärger. Während des Studiums entwickelten sich für Neill, der einer der ältesten Studenten war, aber auch intensive Kameradschaftsbeziehungen. Im Redaktionsteam von «The Student» traf er beispielsweise David Watson, einen Medizinstudenten, mit dem ihn bald eine tiefe Freundschaft verband, die über das Studium hinaus Bestand hatte.

Das studentische Leben in Edinburgh vermittelte Neill seine ersten sexuellen Erfahrungen: *In meiner Studienzeit waren die anständigen Mädchen tabu: «Wer mich berührt, der hat mich zu heiraten.» So gabelten wir uns Verkäuferinnen auf, Mädchen der Arbeiterklasse. [...] Einmal fing eine Verkäuferin an zu weinen, nachdem ich mit ihr geschlafen hatte. Ich fragte sie, was sie habe. «Es ist nicht fair», schluchzte sie, «ihr Studenten geht mit uns aus, und wir mögen eure Manieren und eure gebildete Art zu reden, aber ihr heiratet uns nie. Ich muß irgendeinen Arbeiter heiraten, der nur über Fußball und Bier reden kann.» Von da an gabelte ich keine Verkäuferinnen mehr auf.*[68]

Eine ernsthaftere Liebesaffäre hatte Neill mit einem Mädchen namens Beatrice: *Wir waren erst im Himmel und dann in der Hölle, und ich weiß jetzt, daß für die Hölle Clunie verantwortlich war. Ohne daß es mir bewußt war, verglich ich jedes Mädchen mit Clunie; ohne daß es ihr bewußt war, haßte sie jedes Mädchen, das ich liebte.*[69] Diese Fixierung auf die geliebte Schwester sollte Neill später zu einem persönlichen Charakterzug stilisieren.[70] Clunie war ebenfalls Lehrerin geworden, der älteste Bruder Willie, dessen kostspieliges Studium die Familie sehr belastet hatte, war Geistlicher geworden, und der ebenfalls ältere Bruder Neilie hatte an die Apothekerausbildung ein Medizinstudium angeschlossen. Ihn bezeichnete Neill später als sozial eingestellt, während der älteste Sohn der Familie von ihm als antisozial eingestuft werden sollte. Die anderen vier Geschwister, May, Ada, Hilda und Percy, werden von Neill nur sehr selten erwähnt.

Als Neill am 5. Juli 1912 seine Examen zum Master of Arts zur eigenen Überraschung mit dem guten Abschluß «Second Class Honours» in Englisch absolviert hatte, entschied er sich dafür, eine Karriere als Schulmeister zu vermeiden. Statt dessen lockte ihn – wohl auch aufgrund der Erfahrungen mit der Herausgabe des Studentenmagazins – eine journalistische Laufbahn.

Da seine Bewerbungen bei Zeitungen jedoch unbeantwortet blieben, nahm er eine Stelle bei T. C. & E. C. Jacks an, einem Verlag in Edinburgh, der eine einbändige Enzyklopädie herausbringen wollte. Neill wurde Redakteur und hatte Beiträge zu redigieren, die meist unleserlich und zu lang waren. *In einer Hinsicht war diese Arbeit sehr nützlich für mich: sie flößte mir Furcht vor überflüssigen Worten ein.*[71]

Nach einiger Zeit wurde die Redaktion nach London verlegt. *Nachdem ich 29 Jahre alt geworden war, ohne die Grenzen Schottlands überschritten zu haben, fand ich den Gedanken, nach London zu gehen, ebenso wunderbar wie zwingend: waren nicht auch Barrie und geringere schottische Schriftsteller südwärts gezogen, um Geld zu verdienen und sich einen Namen zu machen?*[72]

Neill identifizierte sich in jenen Tagen stark mit dem schottischen Schriftsteller James Matthew Barrie, der 1860 in Kirriemuir, dem Nach-

James Matthew Barrie

barort von Neills Geburtsort Forfar, geboren worden war. Auf einen seiner älteren Brüder Bezug nehmend schrieb Neill später: *Ich weiß nicht mehr, ob ich Willie nachäffte, als ich zu schreiben begann; wahrscheinlicher ist, daß ich damals J. M. Barrie oder auch H. G. Wells imitierte.*[73] Barrie gelangte 1904 durch die Uraufführung seines Schauspiels «Peter Pan» zu weitreichender Anerkennung. Zeit seines Lebens setzte sich Neill mit Barries Figur «Peter Pan» auseinander, und er wurde im Lauf der Jahre immer kritischer gegenüber dem schottischen Autor. Häufig hob Neill die Analogie zwischen Autor und Romanfigur hervor: *Barrie wurde selbst nie erwachsen.*[74]

Das Leben in London war für den jungen Schotten anfangs nicht einfach. Er war einsam: *Zum ersten Mal in meinem Leben lernte ich, wie wahr der banale Satz ist, daß der Mensch in einer Menschenmenge am einsamsten sein kann.*[75] Diese Verhältnisse änderten sich für ihn erst, als sein Bruder Neilie nach London kam und Neill sich mit ihm und J. B. Salmond ein Apartment teilte.

Solange er noch allein in London gewesen war, hatte er einsame Rudertouren auf der Themse unternommen. Nun wurde er Sparring-Partner von J. B. Salmond, dem damaligen stellvertretenden Herausgeber des «Daily Mail», der Amateur-Boxer war. Das Leben wurde wieder lustig, und Neill kam gerade noch um die Zahlung von Unterhaltsgeld herum, nachdem er mit der Frau eines bekannten Musikers ein Verhältnis gehabt hatte und im Scheidungsprozeß nicht als Zeuge benannt wurde.

Nach Abschluß der Arbeit an der Enzyklopädie bei Jacks übernahm Neill eine Tätigkeit als Autor für den «Popular Educator», ein Nachschlagewerk im gleichen Verlag für die Bereiche Englische Literatur, Sprache und Mathematik. Knappe zehn Jahre später schrieb er: *Wenn ich deprimiert bin und lachen will, nehme ich einen gewissen umfangreichen Popular Educator hervor. Darin ist eine Geschichte der englischen Sprache und Literatur von A. S. Neill, M. A. [...] Ja, das Buch läßt mich lächeln, aber wenn ich richtig laut herauslachen will, wende ich mich dem Teil mit dem Titel «Arithmetik und Algebra» zu... vom gleichen Autor.*[76] Einen weiteren Abschnitt des Nachschlagewerks über Zeichenkunst verfaßte Neill auch, er versah ihn sogar mit eigenen Zeichnungen. Die Herausgeber nahmen diesen Teil jedoch nicht in die endgültige Fassung des Buches auf.

Die Arbeit am «Popular Educator» brach Neill zugunsten einer Stellung beim neu gegründeten «Piccadilly Magazine» ab. Er hatte sich ohne jede Sachkenntnis auf den Posten eines künstlerischen Assistenten beworben und wurde zu seiner eigenen Überraschung offensichtlich qualifizierteren Bewerbern vorgezogen, weil sein Bewerbungsschreiben den Verleger erheitert hatte. Die Arbeit an der Vorbereitung des neuen Magazins war für Neill wesentlich interessanter als die Beschäftigung mit Artikeln für populäre Nachschlagewerke. So machte er Interviews mit dem Boxer Billy Wells und einem Komiker namens George Robey. *Nie in meinem Leben habe ich einen so ernsten und pessimistischen Menschen getroffen.*[77] Ebenfalls war es seine Aufgabe, eingesandte Kurzgeschichten zu lesen: *[...] wenn ich eine Kurzgeschichte an den Agenten von H. G. Wells als ungeeignet zurückschickte, kam ich mir immer einige Zoll größer vor.*[78] Wohl auch im Rahmen seiner Tätigkeit als Redakteur besuchte Neill die dem Büro benachbarten Gerichtsgebäude in Bow Street und verfolgte gespannt die Verhandlungen. Einmal wurde ein Junge zu einer Gefängnisstrafe verurteilt, weil er ein Paar Stiefel gestohlen hatte. Bezugnehmend auf diese Erfahrung schrieb Neill in seinem ersten Buch, das bald darauf entstehen sollte: *Unser Rechtssystem ist nicht gerecht, es rächt nur.*[79]

Neills Interesse für soziale Fragen war geweckt, und seine ursprünglich konservative politische Orientierung wich einem ausgeprägten Sozialismus. Er wurde Mitglied in der «Westminster Labour Party» und schwang im Hyde Park auf einer Seifenkiste stehend Reden. *Bei einer Gelegenheit erwähnte ich törichterweise das Hauptpostamt als leuchtendes Beispiel für den Sozialismus. Daraufhin wurde ich von einem Briefträger niedergeschlagen.*[80]

Der Ausbruch des Ersten Weltkriegs verhinderte das Erscheinen des «Piccadilly Magazine». *Einer der Artikel, mit vielen Fotografien illustriert, hieß «Der Kronprinz, die wahre deutsche Gefahr». Aber die Schüsse von Sarajevo töteten – unter anderem – auch das knospende Piccadilly Magazine.*[81]

Während der Arbeit beim «Piccadilly Magazine» hatte Neill unter einer Venenentzündung im Bein zu leiden. Wegen dieser Entzündung wurde er bei Ausbruch des Krieges als untauglich ausgemustert. Er ließ sich von seinem Freund David Watson, der als Chirurg im King Edward Hospital in Windsor arbeitete, behandeln und lebte einige Zeit bei ihm. Bei Kriegsausbruch diskutierten sie heftig die fahrlässige Haltung der englischen Soldaten, die begeistert in den Kampf zogen. Watson meldete sich einige Zeit später selbst freiwillig zum Einsatz in einem Kriegslazarett in Frankreich. Dann meldete er sich zum Einsatz an der Front, weil ihm die Arbeit im Lazarett zu langweilig wurde. Dort starb er wenig später an einer Schußverletzung.[82]

Da die Redaktion des «Piccadilly Magazine» nach Kriegsausbruch aufgelöst worden war und Neill, obgleich er sich dessen schämte, nicht in den Krieg ziehen mußte, galt es, eine neue Stelle zu suchen. Er bewarb sich – nachdem er einige Wochen zu Hause in Kingsmuir verbracht hatte – auf verschiedene Lehrerstellen. *Mit der gleichen Post erhielt ich eines Morgens zwei Stellenangebote: ich konnte Leiter der Schule in Gretna Green und Englischlehrer an der Oberschule in Tain werden.*[83] Er entschied sich für die Stelle in Gretna Green.

Neill als Schulleiter

Am 15. Oktober 1914 wurde Neill Leiter der Gretna Public School. Der Ort Gretna Green liegt im Südwesten Schottlands und wurde bekannt durch die Schnelltrauungen, die der örtliche Schmied an englischen Paaren vornahm, die eben die Grenze überquerten, um, meist ohne das Einverständnis ihrer Eltern, unter der in dieser Hinsicht liberaleren Gesetzgebung Schottlands zu heiraten.

Der bisherige Rektor der örtlichen Schule hatte sich freiwillig zum Kriegsdienst gemeldet, und Neill übernahm nun die Leitung der schottischen Dorfschule, die von 150 Kindern besucht wurde.[84] *Und hier wurde mir zum ersten Mal bewußt, was Erziehung bedeutet.*[85]

Von Neills Erlebnissen in der Zeit in Gretna erzählt sein erstes Buch *A Dominie's Log*, das als inoffizielles Schultagebuch entstand. Offiziell hatten schottische Dorfschulleiter, «Dominies», ein «Schul-Logbuch» zu führen, in dem die An- oder Abwesenheit der Schüler sowie des Hilfspersonals (May Macdonald, Christine Wilson und Bell Duncan) verzeichnet wurde, aber auch besondere Ereignisse und Daten, die für die regelmäßigen Schulinspektionen von Bedeutung waren. Ins Logbuch der Schule von Gretna schrieb Neill am 15. Oktober 1914: *Ich, A. S. Neill, habe die Pflichten des stellvertretenden Schulleiters dieser Schule übernommen.*[86] Diese Pflichten verstand er jedoch ganz anders als der vorherige Schulleiter, der als recht streng bekannt war. *Es wäre töricht, zu behaupten, ich hätte, wenn ich gewollt hätte, auch als klassischer Pauker weiterarbeiten können, denn das hätte ich selbst niemals fertiggebracht. Nach und nach merkten die Kinder, daß meine Disziplin der reinste Bluff war und daß es mir nicht das geringste ausmachte, ob sie etwas lernten oder nicht. Aus der stillen Schule wurde ein Gartenlokal voller Lärm und Gelächter. Aber wir hielten die üblichen Unterrichtsstunden ab, und sie lernten vermutlich nicht weniger, als wenn sie Angst vor mir gehabt hätten.*[87]

Seit Neills eigener Kindheit hatte sich im schottischen Schulwesen wenig geändert, und bald unterschied sich der Unterricht in Gretna Green erheblich von dem an anderen Schulen. Neill schrieb 1915: *Es kümmert mich nicht, ob sie reden oder nicht. Im Gegenteil, wenn das Summen der*

Titelbild der 1986 erschienenen Taschenbuchausgabe von Neills erstem Buch (Die Illustration stammt aus dem Titeldruck der Erstausgabe)

Unterhaltung abbricht, habe ich das Gefühl, daß etwas passiert ist, und ich schaue stets zur Tür, um zu sehen, ob ein Inspektor angekommen ist.[88] Schüler, die sich nicht für den Unterricht interessierten, durften den Klassenraum verlassen, und der Stundenplan wurde nicht mehr fest eingehalten. Die Schülerinnen und Schüler konnten sich auf ihre Lieblingsfächer konzentrieren und die weniger populären Fächer vernachlässigen.[89] Ausflüge in die Natur wurden unternommen, auf denen Zeichnungen entstanden und Naturbetrachtungen angestellt wurden. *Ich bin zufrieden mit meinen Zeichenresultaten. Wir gehen jeden Mittwoch- und Freitagnachmittag hinaus, und die Kinder leisten gute Arbeit. Gewöhnlich endet der Nachmittag mit Wettrennen, oder wir waten im Meer. Sie staunten sehr, als sie das erste Mal meine nackten Füße sahen, aber nun finden sie sich mit meinen Füßen ab.*[90]

Im Verlauf des Krieges wurden die eintreffenden Kriegsnachrichten diskutiert, die Hintergründe der Frauenbewegung erläutert und eine Schülerzeitung konzipiert. Neill bemühte sich, die Lehrbücher teilweise durch ausgewählte Literatur zu ersetzen. *Nahezu jeden Tag zitiere ich vor den Kindern Ibsens Worte aus Ein Volksfeind. ... «Die Mehrheit hat nie das Recht auf ihrer Seite, nie sage ich.» Jedes Lehrbuch brüllt die Worte «Die Mehrheit hat immer recht» laut heraus.*[91] Der Religionsunterricht, zu dessen Erteilung sich Neill verpflichtet sah, beschränkte sich auf das Lesen der vier Evangelien, und *im Geographieunterricht ergreife ich oft die Gelegenheit, die Tatsache zu betonen, daß Mohammedaner und Buddhisten nicht notwendigerweise dumme Leute sind, die nicht Bescheid wüßten. [...] Nein, ich fürchte, ich habe keine feste Meinung über Religion.*[92] Neill fügte an, daß er nicht mehr die Kirche besuchte.

Diese sich allmählich entwickelnden Ansichten und Unterrichtsmethoden mußten in der konservativen ländlichen Umgebung wie eine Revolution erscheinen, als sie der Dorfbevölkerung bekannt wurden; auch die Tatsache, daß der örtliche Lehrer nicht am Kirchgang teilnahm, sondern statt dessen lieber zu Hause an seiner Schreibmaschine saß, nahm die Gemeindemitglieder nicht immer für ihn ein.

Der Lehrer arbeitete unter der Aufsicht des Schulvorstands, der sich aus Funktionsträgern in der Gemeinde zusammensetzte. So kam es, daß der örtliche Kohlehändler, der gleichzeitig im Gemeinderat saß, Neills pädagogische Arbeit stark beeinflussen konnte, was er insbesondere dann tat, wenn Neill seinen Brennstoff aus der falschen Quelle bezog.[93]

Eine Zeichnung Neills, die auf einem Ausflug mit den Kindern in Gretna Green entstand

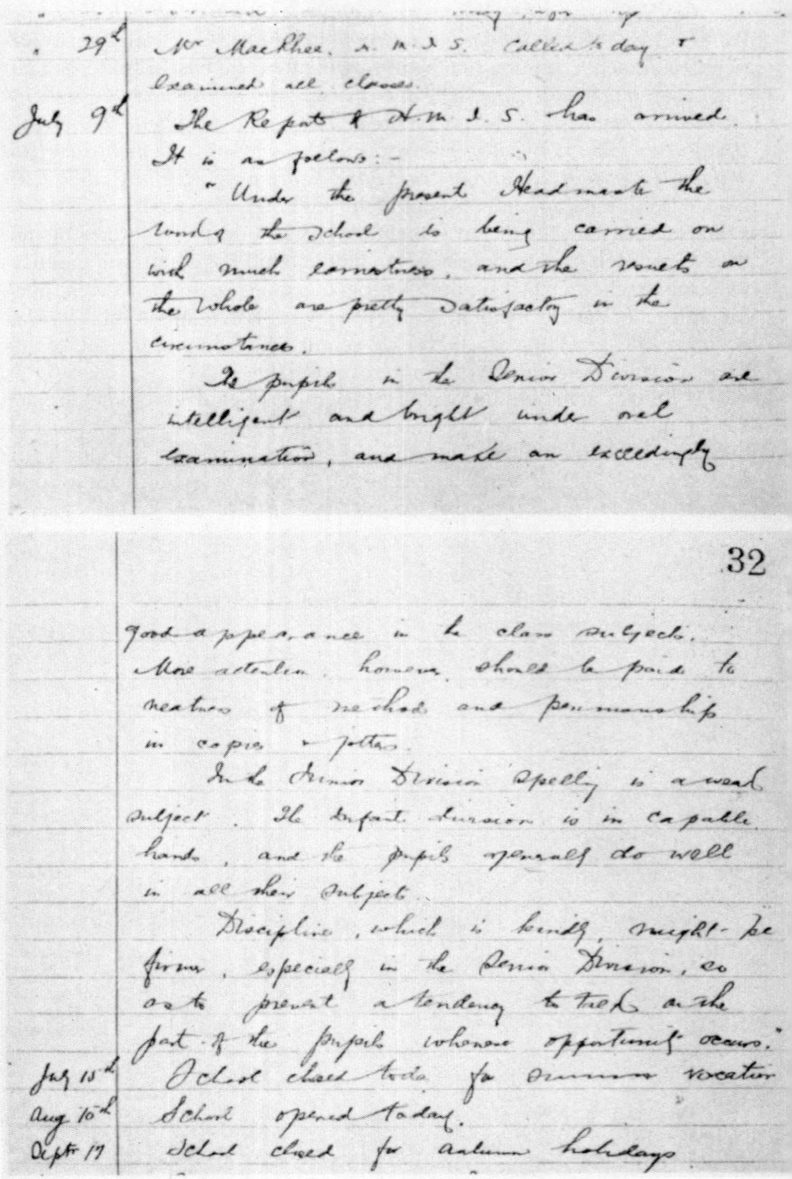
" 29th Mr MacPhee, H.M.I.S. called today & examined all classes.

July 9th The Report of H.M.I.S. has arrived. It is as follows:-

"Under the present Headmaster the tone of the school is being carried on with much earnestness, and the results on the whole are pretty satisfactory in the circumstances.

The pupils in the Senior Division are intelligent and bright under oral examination, and make an exceedingly

32

good appearance in the class subjects. More attention, however, should be paid to neatness of method and penmanship in copies & jotters.

In the Junior Division spelling is a weak subject. The Infant division is in capable hands, and the pupils generally do well in all their subjects.

Discipline, which is kindly, might be firmer, especially in the Senior Division, so as to prevent a tendency to talk on the part of the pupils whenever opportunity occurs."

July 15th School closed today for summer vacation

Aug 10th School opened today.

Septr 17 School closed for autumn holidays

Aufzeichnungen Neills im Schul-Logbuch der Gretna Public School

Vorsitzender des Schulvorstands war Mr. Simpson. *Heute war Preisverteilungstag. Der alte Mr. Simpson hielt eine Rede. «Jungs», sagte er, «lernt eifrig, und vielleicht werdet ihr dann ein Pastor wie Mr. Gordon hier.» Er machte eine Pause. «Oder», setzte er seine Rede fort, «wenn ihr das nicht schafft, werdet ihr vielleicht Lehrer wie Mr. Neill hier.»*[94] Neill hatte Glück und konnte sich mit dem örtlichen Schulvorstand gut stellen. *Die Mitglieder des Beirats der Schule kümmerten sich nicht weiter darum, was ich trieb. Einige wurden sogar persönliche Freunde von mir.*[95]

Einzelne Eltern der Schülerinnen und Schüler waren überhaupt nicht begeistert von dem Umsturz alter Schulgewohnheiten und machten gegenüber dem jungen Schulmeister keinen Hehl aus ihrem Befremden. Ein Vater, der Neill für einen «Radikalen» gehalten hatte, entschuldigte sich, als Neill dies abstritt. *Dann fügte er hinzu: «Und welcher politischen Richtung gehören Sie an?» «Ich bin ein Utopist», sagte ich bescheiden. Er kratzte sich erst einmal am Kopf, dann gab er auf und fragte mich nach meiner Einschätzung der Wetterverhältnisse.*[96] Noch sechzig Jahre später beschrieb Neill ähnliche Anekdoten aus Gretna.[97]

Während Neill in Gretna Green lebte, fühlte er sich von der Außenwelt weitestgehend abgeschnitten. Das lebhafte Treiben von London und die aktuellen Gesprächsthemen versuchte er sich durch die Lektüre der Zeitschriften «The New Age»[98] sowie «The Nation» in die ländliche Abgeschiedenheit zu holen. Im Februar 1915 wurde eine Glosse von ihm

Die Reste der Schule in Gretna Green, aufgenommen 1993

mit dem Titel *The Lunatic* in «The New Age» veröffentlicht, die er in Gretna geschrieben hat. Darin schildert er die Erlebnisse eines schottischen Journalisten in London.[99]

Durch einen Zeitungsartikel erfuhr Neill bereits in dieser Zeit von der Jaques-Dalcroze-Schule in Hellerau bei Dresden[100], an der er selbst Anfang der zwanziger Jahre arbeiten sollte. In *A Dominie's Log* schreibt er: *Kürzlich las ich einen illustrierten Artikel von (oder über?) Jacques [sic] Dalcroze, den Erfinder der Methode und Gründer der Rhythmik-Schule bei Dresden. Die Fotografien waren wunderschöne Studien der Anmut – die Schule ist offenbar voller Pavlovas*. Ich denke, ich sollte ein Rhythmik-System auf Basis der Fotografien einrichten.*[101]

Von Gretna aus unternahm der junge Lehrer Reisen nach London, um der weiten Welt wieder etwas näher zu kommen. Bei einer dieser Reisen besuchte er die King Alfred School in Hampstead und lernte deren Rektor John Russell kennen. Auch an dieser Schule sollte Neill nach Kriegsende einige Zeit beschäftigt sein.[102]

Offenbar wurden für die Entwicklung eigener pädagogischer Ideen Neills in Gretna Green entscheidende Weichen gestellt. Auf alle Fälle war seine erfolgreiche Lehrtätigkeit und das – wie sich erweisen sollte – noch erfolgreichere schriftliche Nachdenken darüber so ermutigend, daß Neill sich kurzfristig auf weitere pädagogische Experimente einließ und längerfristig auf eine erzieherische Laufbahn einstellte.

Der junge Schulmeister hatte mittlerweile soviel Selbstbewußtsein, daß er Vorträge über Erziehung hielt. Ein Vortrag, den er in Gretna hielt, hieß *Children and their parents.* Die Besucher nahmen ihn allerdings nicht so recht ernst. Sie betrachteten die Veranstaltung des jungen Dorflehrers eher als Belustigung. *Ich kann es mir nicht zurechnen, daß ich am Freitag auch nur einen einzigen der Eltern zum Nachdenken gebracht habe. Die meisten Dörfler haben die Angelegenheit eher als großen Witz behandelt.*[103]

Neill führte eine Abendschule für «junge Erwachsene» ein. Kinder, die vierzehn Jahre alt geworden waren, mußten nicht weiter zur Schule gehen und wurden schnell in den dörflichen Produktionsprozeß eingegliedert. *Ich werde die Jungen und Mädchen zwischen sechzehn und neunzehn zweimal die Woche in meinem Klassenraum haben, und ich denke, ich erzähle ihnen Dinge über ihre Rolle als Bürger, die sie nicht vergessen werden.*[104] In einer dieser «Evening classes» lernte Neill die sechzehnjährige Jessie Irving kennen, mit der er sich verlobte. Die Verlobung wurde später auf Betreiben der Mutter wieder gelöst. Trotzdem setzte Neill seiner damaligen Verlobten in dem 1917 erschienenen überwiegend

* Anna Pawlowna Matwejewa war eine der berühmtesten Ballettänzerinnen zu Anfang des zwanzigsten Jahrhunderts. Sie stammte aus Rußland, lebte jedoch lange Jahre in London.

Neills Verlobte in Gretna Green: Jessie Irving

fiktionalen Buch *A Dominie Dismissed* in der Figur der Margaret ein Denkmal. Bezeichnenderweise wählte er den Namen Margaret – Margaret Ritchie war in der Schule in Newport 1906 seine erste große Liebe gewesen. Das Nachfolgebuch zu *A Dominie's Log*, das sich bald als Verkaufsschlager erwies[105], schilderte die weitere Geschichte des Dorflehrers. Anders als im wirklichen Leben heiratet der wegen seiner unkonventionellen Lehrmethoden entlassene Dorfschullehrer seine Angebetete. Neill versah das Buch mit der Widmung: *Für die wirkliche Margaret*[106]. Als er es schrieb, lebte er bereits wieder in London und hatte zu Jessie Irving kaum mehr Kontakt. Er schrieb ihr später von seinen

Eine Fotografie aus dem Besitz von Jessie Irving: Neill in Gretna Green, um 1914

Reisen und besuchte sie während des Zweiten Weltkriegs, als sie bereits Witwe war.[107] Seiner Auffassung zufolge scheiterte die Beziehung zu Jessie Irving wieder einmal an der Fixierung auf seine Lieblingsschwester Clunie.

Neill wurde nicht – wie er es in *A Dominie Dismissed* schildert – aufgrund seiner unkonventionellen Lehrmethoden von seinem Amt suspendiert, sondern mußte nun doch zum Militär.

Kontakte mit der neuen Erziehungsbewegung

Neill war erneut gemustert und wieder wegen seines Beines für untauglich befunden worden. Dennoch hatte er sich anschließend als Freiwilliger gemeldet und mußte nun, am 2. März 1916, nach einer weiteren Musterung einrücken. Eigentlich wäre Neill gerne Kriegsdienstverweigerer gewesen, ihm fehlte jedoch die moralische Courage dazu.[108] Bereits in der Studentenzeitschrift «The Student» hatte er sich 1912 über den Mut von Deserteuren und Kriegsdienstverweigerern geäußert: *Der Feigling ist nicht nur unkonventionell, er hat Vorstellungskraft.*[109] Ähnliche Formulierungen finden sich auch in seinem zweiten Buch *A Dominie Dismissed*, das während seiner Militärzeit entstand.[110]

Nacheinander durchlief Neill unterschiedliche Stationen: das Ausbildungslager in Fort Matilda bei Greenock, «cadet training» an der Trowbridge Cadet School in Wiltshire, danach wurde er nach Lydd und schließlich nach Aldershot versetzt, wo er als frischgebackener Offizier auf seinen Einsatz an der Front warten sollte. *Es war mir klar, daß man uns nach einigen Monaten Grundausbildung automatisch zum Ausgleich der Verluste in den Einsatz schicken würde. So seltsam es klingen mag, es machte mir nichts aus. Meine gesamte Angst konzentrierte sich auf den Corporal, der mir mein Leben wochenlang zur Hölle machte.*[111] Seine Füße machten Neill außerordentlich starke Schwierigkeiten, *nach einer Stunde Drill in Knobelbechern waren meine Füße fast rohes Fleisch*[112], und er bemühte sich, Dienstsituationen, in denen er viel auf den Beinen sein mußte, zu vermeiden. Dies gelang ihm auch recht gut. In Aldershot wartete er drei Monate darauf, an die Front geschickt zu werden. Allwöchentlich trafen Listen der betroffenen Kameraden ein, doch sein Name war darauf nie verzeichnet. Schließlich wurde er wegen einer schweren Grippeerkrankung, die sich zu einem Nervenzusammenbruch mit Schlaflosigkeit und Alpträumen auswuchs, zu einem Nervenspezialisten nach London geschickt. Dr. William H. Rivers, der Traumanalysen vornahm, ließ sich von Neill einen Alptraum schildern, in dem Neill eine Schlange tötete, die immer wieder lebendig wurde. *Schließlich sagte er zu mir: wenn Sie nach Frankreich gehen, werden Sie sich dort entweder das Victoria-Cross verdienen oder wegen Fahnenflucht erschossen werden.*[113]

Neill (rechts) als Soldat, Mai 1918

Schließlich wurde Neill krankheitshalber ehrenhaft aus dem Militärdienst entlassen und zog sich zu einem längeren Erholungsaufenthalt nach Schottland zurück.

Erst später erfuhr er, daß ein einflußreicher Freund ihn vor dem Marschbefehl an die Front bewahrt hatte: *Jahre nach dem Krieg sagte Walter Martin, mein Freund, der Zigarrenkönig, etwas ganz Unglaubliches zu mir. «Neill, ich habe Ihnen das Leben gerettet.» «Wieso?» «Ich hatte Beziehungen zum Kriegsministerium und habe arrangiert, daß Sie nicht an die Front geschickt wurden.» Ich kann dies wirklich nicht glauben, aber wenn es so gewesen sein sollte, würde es erklären, warum mein Name nie auf den Listen der an die Front kommandierten Offiziere erschien.*[114]

Bald begann Neill sich wieder Gedanken um eine Anstellung zu machen und bewarb sich darum bei dem amerikanischen Erzieher Homer Lane, um in der von diesem geleiteten Besserungsanstalt für jugendliche Verbrecher namens «Little Commonwealth» mitarbeiten zu können. Neill hatte von dieser Einrichtung durch eine Leserin seines Buches *A Dominie's Log* erfahren. Bei einem kurzen Besuch des Little Commonwealth noch während der Zeit seiner Militärausbildung hatte Neill Homer Lane kennengelernt und war Zeuge einer Heimversammlung geworden.[115] *Dieses Wochenende war vielleicht der bedeutendste Meilenstein*

Homer Tyrell Lane

in meinem Leben. Lane berichtete mir bis zum frühen Morgen von seinen Fällen. Ich wußte das eine oder andere über Erziehungsideen, aber ich hatte keine Ahnung von Psychologie.[116]

Homer Lane kam ursprünglich aus den Vereinigten Staaten, wo er sich durch die Leitung verschiedener Erziehungseinrichtungen einen Namen gemacht hatte. Anfangs hatte er als Handwerkslehrer schwedischen «Slöjd»-Unterricht erteilt. Slöjd bedeutet sinngemäß «Handfertigkeit» und bezieht sich auf die Arbeit mit natürlichen Werkstoffen wie Holz und Textilien. Auf diese Weise sollten die Kinder durch den Umgang mit dem Material Respekt vor handwerklichen Arbeitsweisen entwickeln.[117]

Im Little Commonwealth wurde Lane von einer Gruppe interessierter Strafvollzugsreformer unter der Leitung des Earl of Sandwich die Möglichkeit gegeben, seine Experimente in eigener Regie durchzuführen.[118] Die neu gegründete Erziehungseinrichtung befand sich auf einer Farm mit unterschiedlichen Gebäuden, die nach und nach von Kinder- und Jugendlichengruppen besiedelt wurden. Weitere Gebäude wurden von den Bürgern dieser «Republik» selbst gebaut.[119] Die Kinder und Jugendlichen waren entweder Waisen oder wurden von ihren Eltern, die nicht mit ihnen fertig wurden, geschickt. Viele von ihnen hatten Bewährungsstrafen abzuleisten. Die älteren Kinder bestimmten das Geschick der Gemeinschaft in wöchentlichen Zusammenkünften.[120] Lane nannte diese Form der Selbstverwaltung «Self-government» – Neill übernahm den Begriff von ihm. In diesen Versammlungen machten die Kinder und Jugendlichen ihre eigenen Gesetze und wählten Funktionäre wie Richter und Schatzmeister. Lanes therapeutische Maßnahmen hielten sich im Hintergrund, griff er jedoch ein, geschah dies in Form psychoanalytisch motivierter «paradoxer Sanktionen». So «bestrafte» das Self-government beispielsweise Gesetzesbrecher mit Urlaub, für dessen Kosten die Gemeinschaft aufkam, oder Lane forderte einen Jungen, der das ganze Geschirr zertrümmert hatte, auf, nun auch noch Lanes Uhr zu zerschlagen.[121] Neill sollte später – in der Nachfolge Lanes – Kinder zum Einwerfen von Fensterscheiben ermutigen. Er hatte sich allerdings bereits bevor er Lane kennenlernte Gedanken über die Anwendung ähnlicher «paradoxer Strafen» gemacht.[122]

Das Little Commonwealth bestand von 1913 bis 1918, als ein Skandal zu seiner Schließung führte.[123] *Das Little Commonwealth wurde geschlossen, weil ein heranwachsendes Mädchen wegen Stehlens davonlief. Als sie von der Polizei aufgegriffen wurde, redete sie sich dadurch heraus, daß sie behauptete, von Lane sexuell belästigt worden zu sein. Die Aufsichtsbehörde schickte einen gelehrten Staatsanwalt, der den Fall untersuchen sollte; er fand keine Hinweise auf die Richtigkeit der Behauptungen gegen Lane, mochte aber offensichtlich das freie System nicht, denn die Aufsichtsbehörde beschloß, die Zulassung zu entziehen, wenn das Komitee keinen anderen Leiter einsetzen würde. Das Komitee entschied sich, lieber das Little Com-*

monwealth zu schließen, da es wußte, daß Lane niemals irgendein Mädchen angreifen würde[124], schrieb Neill später über die Vorgänge, deren tatsächlicher Ablauf nie ans Tageslicht gelangte. Der Bericht der Untersuchungskommission wurde trotz mehrfacher Aufforderung durch David Wills, den Biographen Homer Lanes, nie veröffentlicht und ist – wie die Aufsichtsbehörde 1975 mitteilte – später vernichtet worden.[125]

Als Antwort auf Neills Bewerbung zur Mitarbeit im Little Commonwealth teilte Lane ihm mit, daß die Einrichtung geschlossen worden sei. *Enttäuscht dachte ich, daß ich nun das zweitbeste versuchen sollte. So schrieb ich an John Russell, bat ihn um eine Anstellung, bekam sie und wurde Lehrer an der K. A. S. [King Alfred School].*[126]

Die King Alfred School, eine koedukative Reformschule im Londoner Stadtteil Hampstead, wurde von John Russell geleitet. *Er war Gott, ein liebenswerter, alter Gott, aber eben doch ein Gott – und ein Moralist von großer Kraft und Stärke.*[127] Als Neill im Dezember 1918 Lehrer an Russells Schule wurde, bemühte er sich, die Freiheiten, die ihm eine private

John Russell, der Leiter der King Alfred School

Schule bot, gründlich auszuschöpfen. Er engagierte sich in der Theaterarbeit [128] und nutzte die Schul-Werkstatt im Unterricht [129]. Sein bedeutsamstes Experiment war die Einführung des Self-government nach Homer Lanes Vorbild in seiner Klasse. *Ich klagte darüber, daß die Schule nicht mit der Zeit ginge. Man müsse die «Selbstverwaltung» einführen. Der liebe alte J. R. breitete die Hände aus und sagte mit seinem üblichen Lächeln: «Nur zu, Neill, versuchen Sie's! Versuchen Sie's!»* [130]

Die Selbstverwaltung scheiterte schließlich. Die Kinder betrieben sie ausschließlich in den Stunden, in denen sie bei Neill Unterricht hatten. *Und natürlich sahen sie in der «Selbstverwaltung» eine Möglichkeit, eine Stunde lang in meiner Klasse Dampf abzulassen.* [131] Gleichwohl muß es die eine oder andere Sitzung gegeben haben, in der die Selbstverwaltung in Neills Augen zu Ergebnissen geführt hat. Er schildert eine Episode: *Eines Tages hielt die Klasse eine Selbstverwaltungssitzung, und sie schickten nach mir. Ich ärgerte mich, weil ich gerade gegessen hatte und meine Pfeife im Lehrerzimmer rauchte. Trotzdem ging ich zu ihnen. «Hallo», sagte ich, als ich eintrat, «was wollt ihr denn?» Zuckersüß sagte der Vorsitzende: «Ein Mitglied dieser Klasse hat Sie beschimpft.» «Unmöglich!» rief ich. Dann erhob sich Mary. «Doch, ich habe es getan», platzte sie nervös heraus: «Ich sagte, Sie sind ein dummer Esel.» «Das stimmt!» sagte ich heiter, «das bin ich», und ging zur Türe. Da wurde die Klasse unruhig. «Wollen Sie nicht irgend etwas tun?» fragte Ian überrascht. «Guter Gott, nein!» rief ich. «Warum sollte ich?» «Sie sind ein Mitglied der Lehrerschaft», sagte Ian. «Hört her», sagte ich ungeduldig, «hiermit autorisiere ich den ganzen Haufen von euch, mir jeden Namen zu geben, der euch einfällt.»* [132]

Die übrige Lehrerschaft protestierte, als Neill seinen Schülern zugestand, sich in ihren Selbstverwaltungssitzungen über die einzelnen Lehrer und Lehrerinnen zu ereifern [133], und schließlich sagte John Russell zu ihm: *Einer von uns beiden muß gehen, Neill.* [134] Neill ging.

1919 erschien Neills drittes Buch *The Booming of Bunkie*. *Ein Buch voller fauler Witze, in manchen Partien ganz gut. Die Dorfkapelle konnte nur eine Melodie spielen, und da die Musikanten sie stehend spielten, wußten die Einheimischen, daß es die Nationalhymne war.* [135] Es erzählt die Geschichte von Peter MacMunn, der zufällig nach Bunkie, einem schottischen Küstenort, kommt (das Vorbild war Lunan Bay [136] westlich von Neills Geburtsort Forfar), den er im Laufe der Handlung durch «moderne» Öffentlichkeitsarbeit in einen populären Ferienort verwandelt. Er verliebt sich in Evelyn, die Tochter eines Gutsbesitzers, und es gibt ein Happy-end.

Während seiner Zeit als Lehrer an der King Alfred School hatte Neill Lilian Neustätter, die Mutter eines Schülers, kennengelernt. Sie war eine mit einem Deutschen verheiratete Australierin, die sich bei Kriegsausbruch in England aufhielt und – auch aufgrund ihrer Sympathien für die englische Seite – nicht nach Deutschland und zu ihrem Ehemann, dem

Lilian Neustätter (links) mit ihrer Schwester Henry Handel Richardson (Mitte)

Augenarzt Dr. Otto Neustätter, zurückkehrte. Ihr Sohn ging in Neills Klasse, und es war Sitte, daß die Lehrer die Eltern der Kinder gelegentlich besuchten. Zusammen mit Lilian Neustätter entwarf Neill bei diesen Besuchen eine Schulutopie, deren praktische Elemente Lilian Neustätters Beitrag waren. Hauswirtschaftliche und organisatorische Aspekte waren Neill stets fremd. Nach Kriegsende kehrte Lilian Neustätter zurück zu ihrem Mann, der damals im Dresdener Hygienemuseum arbeitete.[137]

Ebenfalls in die Zeit von Neills Beschäftigung an der King Alfred School fällt der plötzliche Tod seiner Lieblingsschwester Clunie. Clunie litt schon seit geraumer Zeit an Halskrankheiten und hatte sich nun eine Lungenentzündung zugezogen. Als Neill im Juli 1919 ein Telegramm seiner Eltern bekam, eilte er nach Kingsmuir. Er verbrachte eine ganze Woche an ihrem Bett. *Mein Gott, diese Woche war eine Art Hölle, wie ich sie bis dahin nicht kennengelernt hatte und seither nicht wieder erlebt habe.*[138] *Ich habe in meinem Leben wirklich selten wirklichen Kummer ertragen müssen. Der größte war mein Schmerz, als Clunie starb*[139], sollte Neill am Ende seines Lebens schreiben.

In jener Zeit entstand die Geschichte von *Carroty Broon*. Neill widmet das Buch, das 1921 erscheint, seiner Schwester, die auch in der Figur der Bets in dem Roman abgebildet wird. Die Hauptfigur, der rothaarige («Carroty») Peter Brown (schottisch «Broon»), und sein Geschick sind ein Abbild von Neills eigener Kindheit. Aktuelle Geschehnisse, die Neills Leben bewegten, wurden in die Kindheitsschilderung zurückversetzt. So stirbt beispielsweise die Schwester Bets, und die Schilderung ihres Todes und der ihn begleitenden Umstände[140] stimmen weitgehend mit Neills späteren Schilderungen von Clunies Tod überein.

Bemerkenswert fand Neill die Tatsache, daß Clunie offensichtlich kurz vor ihrem Tod einen – wie Neill ihn empfinden mußte – religiösen «Rückfall» erlebte: *Ich wurde später als sie Atheist, aber ich bezweifle doch sehr, daß ich auf dem Sterbebett die alten Gebete von einst murmeln werde.*[141]

Die Beziehung Neills zu seinen Eltern wandelte sich. Das gemeinsam erlebte Leid brachte Neill seinem Vater näher. *Erst damals entdeckte ich in mir zärtliche Gefühle für meinen Vater.*[142] Ein langsamer Prozeß begann, der schließlich mit einer Übernahme der Erziehungsideen Neills durch seinen Vater enden sollte.[143]

Nach dem Tod von Clunie kehrte Neill nach London zurück und intensivierte seine Kontakte zu Homer Lane. Er war nun ein häufiger Gast in Lanes Haus und verfolgte dessen Vorträge über Psychoanalyse. *Ich wußte damals noch nichts über Psychoanalyse und hatte kaum von Freud gehört: ich hatte niemals daran gedacht, mich analysieren zu lassen, bis Lane eines Tages zu mir sagte, seiner Meinung nach sollte eigentlich jeder Lehrer eine Analyse durchmachen. Er bot mir an, mich unentgeltlich anzunehmen.*[144] Lane, der acht Jahre älter war als Neill, verdiente in dieser Zeit als Analytiker in London recht gut.[145] Neill nahm das verlockende Angebot an und unterzog sich «private lessons», wie Lane seine analytischen Sitzungen nannte.[146] Die Traumdeutungen, die Lane bei seinen «Schülern», wie er seine Patienten zu nennen pflegte, anstellte, waren höchst willkürlich, und trotzdem nahmen seine *Jünger*, wie Neill sie – sich selbst einschließend – bezeichnete, Lanes Ansichten und Behauptungen für bare Münze.

Neill hatte in einem Vortrag Lanes Ideen referiert, und Lane fühlte sich fehlinterpretiert. So kam es, daß sich die beiden zerstritten und Neill eine Analyse bei Maurice Nicoll, einem Jungianer, aufnahm. Die sonntagabendlichen Besuche in Lanes Haus und die gemeinsamen Mahlzeiten an den Wochenenden wurden darum aber nicht aufgegeben.[147] Schließlich kehrte er zu Lanes kostenloser Analyse zurück und begann kurze Zeit darauf selbst, eine junge Lehrerin zu analysieren.[148]

Angeregt durch die Gespräche mit Homer Lane schrieb Neill damals auch einen Artikel in «The New Age» unter dem Titel *Psycho-Analysis in Industry*. Der Inhalt bestand aus einem Schnelldurchgang durch die Theorien Freuds, Jungs und Adlers auf einer halben Seite und resultierte – nachdem auch der Name Nietzsche gefallen war – in einer ebensolangen Anpreisung des von Homer Lane eingeführten Self-government als Lösungsformel für alle gesellschaftlichen Probleme.[149]

In dieser Zeit entstand *A Dominie in Doubt*, die Fortsetzung von *A*

Dominie Dismissed. Neill widmet das 1921 erschienene Buch Homer Lane: *Für Homer Lane, dessen erste Vorlesung mich davon überzeugt hat, daß ich keine Ahnung von Erziehung habe. Ich bin ihm zu tiefem Dank verpflichtet, aber ich muß Erzieher warnen, daß sie ihn nicht für die hier vertretenen Ansichten verantwortlich machen. Ich habe ihn nie so weit verstanden, daß ich seine wunderbaren Erziehungstheorien wiedergeben könnte.*[150]

Das Buch erzählt die weitere Geschichte des entlassenen Schulmeisters in Form von Dialogen mit seinem Nachfolger, der ein konventioneller Lehrer ist. Die Ratschläge, die der Nachfolger von der Hauptfigur bekommt, muten wie eine Quintessenz aus Neills neu gesammelten Erfahrungen an der King Alfred School und in den häufigen Unterhaltungen mit Lane an. So philosophiert der Dominie über Self-government[151] und Koedukation[152]. Des weiteren gibt er Ratschläge über die Lektüre von Büchern zur neuesten Psychologie. Dabei werden unter anderem Autoren wie Sigmund Freud, Carl G. Jung, Alfred Adler, Sandor Ferenczi, Oskar Pfister und Maurice Nicoll genannt.[153]

Im Laufe der Geschichte entschließt sich der Dominie, eine eigene Schule in London zu gründen, findet aber kein geeignetes Gebäude und fährt statt dessen nach Holland, um österreichische Waisenkinder abzuholen.

Diese Vorgänge sind (anders als das Vorkommen eines Schülers namens Carroty Broon[154]) autobiographische Skizzen des tatsächlichen Geschehens. In der Tat suchte Neill in jener Zeit ein geeignetes Gebäude, in dem er eine eigene Schule gründen wollte. Die Mieten in Londons näherer Umgebung machten diesen Plan jedoch unausführbar.[155]

«New Era»

Im Frühjahr 1920 erschienen die ersten Ausgaben der Zeitschrift «Education for the New Era». Die Herausgeberin Beatrice Ensor kam aus der theosophischen Bewegung, die bereits 1875 in New York gegründet worden war, und ursprünglich galt die Zeitschrift als das Organ des englischen Zweigs dieser Bewegung, der «Theosophical Fraternity in Education», deren Sprecherin Beatrice Ensor war.[156]

Beatrice Ensor forderte Neill im Frühjahr 1920 auf, als Mitherausgeber der «New Era» mit ihr zusammenzuarbeiten. Neill, der den Posten an der King Alfred School aufgegeben hatte, nahm das Angebot an, und bereits in der dritten Ausgabe der Zeitschrift im Juli 1920 schrieb er das Editorial. Beatrice Ensor fügte diesem Vorwort lediglich einige erklärende Worte hinzu: «Aufgrund des Umstands, daß ich in meiner Position als Sekretärin des Children's Famine Area Committee viel zu tun habe, wurde die Herausgabe dieser Nummer ausschließlich von meinem Mitherausgeber Mr. A. S. Neill besorgt. Weil sein Interesse die psychologische Seite der Erziehung ist, ist der überwiegende Teil dieser Ausgabe der neuen Psychologie gewidmet.»[157]

Tatsächlich befindet sich nur ein einziger Artikel über Psychoanalyse in dem Heft. Weitere Artikel beschäftigen sich mit Schulbesuchen, und ein Schultheaterstück, das Neill für die Schülerinnen und Schüler der King Alfred School geschrieben hatte, ist abgedruckt.

Beatrice Ensor, die Herausgeberin der «New Era»

Die Schilderungen von Schulbesuchen enthalten einen Bericht Neills über seinen Besuch holländischer Schulen. Beatrice Ensor hatte für das Children's Famine Area Committee daran mitgewirkt, daß 458 österreichische Kinder in England Unterkunft fanden. Die Kinder wurden nun von ihr in Rotterdam abgeholt, und Neill nahm an dieser Mission teil.[158]

Neill als Journalist, um 1920

Neill, der nie vorher eine Auslandsreise unternommen hatte, war bereits einige Tage vorher nach Holland gefahren. Er wollte dort Ausschau nach einer Institution halten, in deren Rahmen er seine Schulutopie verwirklichen könnte.[159] Er besuchte die unterschiedlichsten pädagogischen Einrichtungen in Orten wie Rotterdam, Den Haag, Amersfoort, Laren, Amsterdam, Leiden[160] und resümierte schließlich enttäuscht: *Hier gab es keine neuen Dinge in der Erziehung: alles, was ich sehen konnte, war die Wissenseintrichterung, die wir an unseren englischen Internatsschulen Erziehung nennen.*[161]

Die achte Ausgabe der «New Era», das Herbstheft 1921, wurde ausschließlich von Neill betreut und behandelte das Thema der Selbstregierung. «Es scheint einem guten Zweck zu dienen, wenn wir gelegentlich eine ganze Ausgabe dieses Magazins einem bestimmten Bereich der neuen Ideale in der Erziehung widmen. So behandelt diese Ausgabe Self-government an den Schulen [...]», schrieb Beatrice Ensor im Vorwort dieser Ausgabe.[162] In dem Heft waren diverse Artikel zum Thema Self-government abgedruckt, die nicht immer mit Neills Sicht der Dinge übereinstimmten. Dies machte er auch in seinem Vorwort deutlich: *Viele, die Beiträge zu dieser Ausgabe geschrieben haben, haben sich gegen eine plötzliche Einführung von Self-government ausgesprochen. Da stimme ich nicht zu. Ich bin sehr für den dramatischen Moment, das Abreagieren der unterdrückten Gefühle.*[163] Im Anschluß hieran schildert er seine eigenen Erfolge, aber auch die Mißerfolge bei der Einführung von Self-government an Schulen, die er zu diesem Zweck besucht hatte.

Überall in Europa entstanden damals Reformschulen, die ihren Ursprung in der Kritik an den veralteten Erziehungsidealen des etablierten Bildungswesens hatten. Überwiegend handelte es sich um private Internatsschulen oder Schulen in sozialen Brennpunkten der Städte. In das staatliche Bildungssystem drangen die Reformbestrebungen nicht oder nur sehr allmählich ein.

Merkmale dieser neuen Schulen waren beispielsweise die Einführung von Koedukation, die Loslösung von festen Stunden- und Fachschemata, die Auflösung von Klassen- und Jahrgangsverbänden, das Ersetzen von Lehrbüchern durch teilweise selbst erstellte Nachschlagewerke, die Einrichtung von Schuldruckereien und Schulgärten – also die experimentelle Erprobung unterschiedlichster neuer pädagogischer und auch psychologischer Erkenntnisse.

Nur wenige der Schulreformer entwickelten einen festen Rahmen für ihr Bildungskonzept. Meist experimentierten sie mit wechselnden Elementen. Wenigen von ihnen gelang es, aus diesen Experimenten heraus eine eigene Reformschulidee zu formulieren und eine anhaltende Schultradition zu begründen.

Neill besuchte die Schulen von Norman MacMunn und Caldwell Cook, die durch ihre jeweiligen Bücher «The Path to Freedom in the School» (1914) und «The Play Way» (1917) in der progressiven Erziehungsdiskussion Englands eine bedeutende Rolle spielten.

Norman MacMunn, der bereits 1925 starb, leitete die Schule in Tiptree Hall, nordöstlich von London, die vor allem von Arbeiterkindern besucht wurde. Besonders imponierte es Neill, daß Norman MacMunn während des Unterrichts zu rauchen pflegte. Darüber hinaus war Neill von der Arbeitsatmosphäre an der Schule begeistert. *Seine Jungs füllten den Raum mit lautem Gerede, und nie habe ich Kinder gesehen, die mit so viel Freude mehr Arbeit geleistet hätten.*[164] In seinem Buch «The Path to Freedom in the School» wandte sich MacMunn gegen das klassische Erziehungsideal Rousseaus und übte Kritik an Maria Montessori, deren Methode in jenen Jahren in England starke Popularität erreichte. MacMunns erklärtes Vorbild, so schreibt er selbst, war Homer Lane und die mit ihm in die englische Erziehungsdiskussion eingebrachte neue Psychologie.[165] Später verdeutlichte Neill seine Beziehung zu MacMunn: *Der gute verstorbene Norman MacMunn und ich haben uns gegenseitig sehr geschätzt, weil wir uns auf Konferenzen gewöhnlich aus dem Staub machten, um uns im nächsten Pub Geschichten zu erzählen.*[166]

Caldwell Cook, der ebenso wie Norman MacMunn Mitglied der «New Ideals Group» war, erläuterte in seinem Buch «The Play Way» in Anlehnung an Maria Montessori, welche Bedeutung das kindliche Spiel habe. *Meine Kritik an dem Buch ist, daß er das Spiel mit einem Ziel im Blick betrachtet... lernen; für mich gibt es beim Spielen keine weiteren Hinterge-*

danken – ausgenommen Spaß[167], schrieb Neill später in einem Brief über Caldwell Cook. Dies war jedoch der einzige Aspekt an Cooks Methode, den Neill kritisierte. Bei seinem Besuch an dessen Schule, der Perse School in Cambridge, fand Neill einiges zu bewundern.[168]

Eine weitere Schule, die Neill besuchte, war die Prestolee Village School von E. F. O'Neill. *Ich habe seine Schule gesehen, und es ist eine wahre Freude. Er ist ein großer Mann.*[169] O'Neill hatte den Stundenplan abgeschafft, einen Schulgarten angelegt und ermutigte die Kinder zusammenzuarbeiten.[170] *Ich glaube, er hat keinerlei theoretisches Wissen, und ich bin sicher, daß ihn jeder mit Freud oder Jung, Montessori oder Froebel, Dewey oder Homer Lane aufs Kreuz legen könnte; aber er scheint alles instinktiv oder durch Intuition zu wissen.*[171]

Mit der seit der England-Reise ihrer Begründerin 1919 hochaktuellen Montessori-Pädagogik mußte Neill sich während seiner Beschäftigung bei der «New Era» ebenfalls auseinandersetzen. Er tat dies auf seine ganz persönliche Weise. *Vor einiger Zeit betrat ich eine Montessori-Schule, und ich sprach nicht ein Wort. In fünf Minuten lagen die Einsetzkörper und langen Treppen achtlos mitten auf dem Fußboden, und die Kinder balgten sich mit mir. Ich fühlte mich sehr schuldig, denn ich befürchtete, daß Montessori selber, wenn sie den Raum betreten würde, höchst entrüstet wäre. Ich kann nicht erklären, warum ich so auf Kinder wirke.*[172]

Neills Einstellung zu Maria Montessoris Erziehungsmodell war geprägt von einer eher gefühlsmäßigen Ablehnung. *Nein, die Montessori-Welt ist zu wissenschaftlich für mich. Sie ist zu ordentlich, zu didaktisch. Der Name «didaktischer Apparat» macht mir angst.*[173] Eine gewisse Bewunderung für das System konnte diese Ablehnung nicht überwinden helfen. *Das Montessori-System, wunderbar, wie es ist, ist ein künstlicher Weg, das Kind über sein Tun lernen zu lassen. Es hat nichts Kreatives an sich.*[174]

Bei weiteren Schulbesuchen erzielte Neill ähnliche «Erfolge» wie bei seiner Visite in der Montessori-Schule. So wurde an der Wychwood-School in Oxford anläßlich eines Wochenendbesuchs Neills innerhalb einer halben Stunde ein Self-government eingeführt, das durchaus Bestand hatte.[175] Diese Begebenheit wurde zum Anlaß genommen, Neill zu einer weiteren Schule, der St. Christopher's School in Letchwood Garden City, einzuladen, damit er auch hier dasselbe tun sollte.[176] Die Einrichtung von Self-government durch einen angereisten «Missionar» entsprach eigentlich nicht der Grundauffassung Neills. Beatrice Ensor hatte in dem Themenheft der «New Era» dazu folgendes geschrieben: «Jeder Plan für die Einführung von Self-government muß von den Kindern selbst kommen und darf ihnen nicht von einer Autorität aufgezwungen werden.»[177] Neill widersprach ihr nicht, war jedoch gleichzeitig, wie schon angeführt wurde, ganz von der Notwendigkeit einer schockartigen Einführung des Self-government überzeugt.[178]

Während der Zeit seiner Beschäftigung bei der «New Era» unternahm Neill auch Vortragsreisen innerhalb Englands und Schottlands. Dabei hielt er sich in London, Edinburgh und Dundee sowie in seiner Heimatstadt Forfar auf.[179] Themen dieser Vorträge waren: Mechanismen des Denkens, Psychoanalyse, Das Unterbewußte des Kindes, Die Psychologie des Prügelpädagogen, Self-government und Massenpsychologie.[180] Bei dem Vortrag in Forfar waren wahrscheinlich Neills Eltern anwesend, und während der Abende, die Neill in seinem Elternhaus verbrachte, führten er und sein Vater lange Gespräche.[181] George Neill hatte, mittlerweile fast siebzigjährig, seinen Schulleiterposten aufgegeben.[182]

Im Sommer 1921 veranstaltete die «New Era» eine Konferenz in Calais. An dieser Konferenz nahmen mehr als hundert Pädagoginnen und Pädagogen aus vierzehn Ländern teil[183], und Neill hielt einen Vortrag mit dem Titel *The Abolition of Authority*. Eingeleitet wurde der Vortrag, wie so viele Vorträge Neills, mit einer erheiternden Anekdote: *Ich definiere Autorität als die Macht, die auf eine Persönlichkeit trifft, um der Libido dieser Persönlichkeit entgegenzuwirken. Aber dann müßte ich Libido definieren, und ich weiß nicht, ob ich das kann. [...] Gegenwärtig ist ein Teil meiner Libido damit beschäftigt, Sie interessiert zu machen. Gestern abend war meine Libido damit befaßt, mit Miss King im Kasino Foxtrott zu tanzen. Jetzt wissen Sie, was Libido ist.*[184] Im Verlauf seines Vortrags wies Neill auf die Gefahren des moralisierenden Umgangs mit Kindern hin und schloß mit der Erkenntnis, daß die Kindergruppe ihre Regeln selber aufstellen könnte.[185] Unvorbereitete Reden hielt Neill außerordentlich ungern, hatte er jedoch seine Notizen bei sich, benutzte er sie nicht. *Ich hatte ein unheimliches Gefühl für das Publikum bei Vorträgen; wenn ich auf das Podium stieg, wußte ich, ob ich bei den Zuhörern Zustimmung finden würde oder nicht. [...] Einer meiner Tricks war, eine lustige Geschichte zu erzählen, sobald die Leute gelangweilte Gesichter machten oder mit Papier raschelten.*[186]

Die Calais-Konferenz führte zur Gründung der «New Education Fellowship». Diese Organisation faßte die internationalen progressiven Erziehungsexperimente zusammen und bildete bald nationale Sektionen, so daß sie sich zu einer Lobby der internationalen Reformpädagogik entwickelte. Die deutschsprachige Sektion dieser Organisation – der «Weltbund für Erneuerung der Erziehung» – wurde erst 1929 auf der Konferenz in Helsingør gebildet. Seine erste Leiterin war die Schweizerin Elisabeth Rotten. Sie war als einzige deutschsprachige Vertreterin bereits in Calais anwesend, weil Frankreich drei Jahre nach Ende des Ersten Weltkriegs Deutschen nach wie vor die Einreise untersagte.[187]

Auch wenn Neill viel später das Gegenteil behauptete, so war er seinen Angaben von 1932 zufolge nie Mitglied der New Education Fellowship, *weil ich sie nicht in die Richtung gehen sah, in die ich gehen wollte*[188].

Hellerau

Im August 1921 reiste Neill, von der «New Education Fellowship Conference» in Calais kommend, über Brüssel nach Salzburg, wo er an einer weiteren Konferenz teilnahm. Bei dieser Konferenz – organisiert von Beatrice Ensors «Women's International League for Peace and Freedom» – ging es um Psychologie, Erziehung und Politik.[189]

Neill hielt einen Vortrag über Erziehung, dessen Inhalt nicht überliefert ist, nahm an den übrigen Veranstaltungen aber nicht teil, da die Referate überwiegend auf deutsch oder französisch gehalten wurden. Er sah sich statt dessen die Stadt an. *Hier ist jedermann bayrisch gekleidet, und ich fühle mich in meiner englischen Kleidung auffällig. Heute habe ich mir ein Paar bayrische Hosenträger gekauft – mit einem grünen Band über der Brust – und einen Filzhut mit einem wunderbaren Federbüschel darauf, ein großartiger Filz, grau und seidenweich. Heute nachmittag ging ich hinaus dressed to kill – bayrische Hosenträger, Hut, Federn; Rock und Weste aus London, Stiefel aus Glasgow und Strümpfe aus Edinburgh.*[190] Bereits während der Reise erkannte er, daß sein englisches Geld auf dem Kontinent einen ungeahnt hohen Wert hatte.[191] In seiner Autobiographie gab er zu: *Ich nehme an, daß die Valuta mich blasiert machte, denn ich lebte wie ein Millionär.*[192]

Von Salzburg aus reiste Neill unmittelbar nach Dresden, wohin ihn Lilian Neustätter eingeladen hatte, die Australierin, die er bereits 1918 während seiner Tätigkeit an der King Alfred School in London kennengelernt hatte. Damals hatten sie gemeinsam eine Schulutopie entworfen, deren Verwirklichung nun in greifbare Nähe rückte.

Lilian Neustätter lebte mit ihrem Ehemann Dr. Otto Neustätter in Hellerau, einem Vorort Dresdens, der in Form einer «Gartenstadt» als eines der ersten Projekte des 1907 in München gegründeten deutschen Werkbunds angelegt worden war.[193] Eines der dominierenden Gebäude der Gartenstadt Hellerau war zu dieser Zeit die vom Architekten Heinrich Tessenow entworfene und 1911 fertiggestellte Jaques-Dalcroze-Schule, deren Betrieb Neill in einem Bericht für die «New Era» beschrieb. Neills Beitrag bestand aus einem Brief, der an die Herausgeberin Beatrice Ensor gerichtet war. Er begann mit den Worten: *Liebe Mrs. Ensor! Ich*

Der Schulprospekt der Internationalen Schule Hellerau, Weihnachten 1921

weiß, sie stellen sich vor, daß ich meine Zeit damit verbringe herumzurennen, um die Schulen Deutschlands zu besuchen. Die Wahrheit ist, daß ich den Tag damit verbringe, in der Sonne zu liegen, mit einer Badehose bekleidet, die das kritische Auge von Councillor Clark nicht befriedigen würde. Sicherlich, die unehrliche Erklärung hierfür ist, daß die Schulen aufgrund der Sommerferien geschlossen sind, aber die Wahrheit ist, daß ich mich gegenwärtig weit mehr für Sonnenbaden, Bier und Tabak interessiere als für all die neuen Erziehungsexperimente.[194]

Tatsächlich sollte Neill im Auftrag der «New Era» durch Deutschland reisen, um die unterschiedlichsten Reformschulen zu besuchen und über ihre Arbeit zu berichten. In der Fortsetzung des Briefes an Beatrice Ensor schrieb er jedoch: *Ich warne Sie ernsthaft, daß ich nicht nach London zurückkehre, bevor ich nicht einen vollen Kurs hier besucht habe.*[195]

1921 wurde die Rhythmik-Abteilung der Schule von Christine Baer-Frissell, einer Schülerin Emile Jaques-Dalcrozes, geleitet. Sie bot Neill

Neill (links) in Hellerau

an, neben ihrer Schule und der in einem der beiden Seitenflügel untergebrachten «Neuen deutschen Schule» eine internationale Schule nach seinen Vorstellungen zu gründen.[196] Neill, der bereits an der deutschen Schule Englischunterricht erteilt hatte[197] und den der günstige Wechselkurs zum «reichen Engländer» machte, ergriff diese Gelegenheit und gründete im Alter von 37 Jahren seine erste eigene Schule. Er investierte seine ganzen Einkünfte aus England in dieses Unternehmen.[198] *Ich hatte 400 £ gespart, und das machte mich zu einem reichen Mann in einem Land, in dem die Mark nicht viel wert war.*[199]

Die Schule, die auf diese Weise ab Dezember 1921 Gestalt annahm, war mit den unterschiedlichen Bildungseinrichtungen im Gebäude der Dalcroze-Schule verschränkt. So besuchten die Rhythmik-Schülerinnen Christine Baers auch Neills internationale Schule, und Neill unterrichtete weiterhin Englisch an der «Neuen deutschen Schule»[200].

Er hatte in der «New Era» inseriert und die Gründung der «internationalen Schule» bekanntgegeben. So kam es, daß vier seiner ersten Schüler englische Kinder waren. Das Schulgeld, das deren Eltern bezahlen mußten, war ungleich höher als das der deutschen oder osteuropäischen Kinder; Neill begründete diesen Umstand mit den unterschiedlichen Wechselkursen und forderte englische Eltern auf, mit ihrem Beitrag die bedürftigen Kinder aus weniger wohlhabenden Ländern zu fördern.[201] *Wir hatten Schüler aus allen Ländern Europas mit Ausnahme von Spanien.*[202] Deutsche Kinder nahm Neill auch auf, sie wurden mit Rücksicht auf die sächsische Schulgesetzgebung jedoch offiziell an der deutschen Abteilung angemeldet.[203]

Die pädagogische Utopie, die Neill in seiner ersten eigenen Schule verwirklichte, bestand nicht aus unumstößlich fixierten Prinzipien. Statt dessen experimentierte er mit unterschiedlichen Ideen und Ansätzen. *Ich weigere mich, eine deutsche Schule zu betreiben; meine Idee ist, alles Gute aus allen Traditionen herauszugreifen.*[204]

Bereits in Hellerau kristallisierten sich jedoch bestimmte Elemente heraus, die Neills Erziehungsstil bis zu seinem Lebensende bestimmen sollten. Er nahm die an der King Alfred School fehlgeschlagene und ursprünglich von Homer Lane entlehnte Form des Self-government wieder auf und versuchte, sie in den Rahmen der an der deutschen Schule bereits bestehenden Schulgemeinde[205] zu integrieren. Der Besuch des Unterrichts war den Schülerinnen und Schülern freigestellt, was nicht ohne Konflikte blieb – einerseits mit den an diese Freiheit nicht gewöhnten Kindern, andererseits mit der sächsischen Schulgesetzgebung, die feste Stundenkontingente für die Schüler unterschiedlicher Altersjahrgänge vorsah.[206] Neill lehnte jede Form «brillanter Unterrichtsmethoden» ab. *Das Interesse sollte aus dem Kind selbst kommen, und dieses Dinge-interessant-Machen ist falsch.*[207] Er wandte die in seinen Büchern immer wieder beschriebenen «paradoxen Strafen» an, zum Beispiel als er seinen Schüler Derrick Boyd, der des Diebstahls beschuldigt wurde, aufforderte, alle Dinge zu benutzen, die Neill gehörten. *Das Resultat ist, daß ich gegenwärtig nicht die geringste Ahnung habe, wo die folgenden Artikel sind: zwei Scheren, ein Messer, ein Rechenschieber (im Wert von einer Guinee), ein Rasier-Abziehstein [...].*[208] Mit besonders schwierigen Kindern wie Derrick nahm Neill therapeutische Einzelsitzungen auf, die er in Anlehnung an Homer Lane später «private lessons», Privatstunden, nennen sollte. Im Alter von knapp siebzig Jahren schrieb Neill über das hier skizzierte Erziehungskonzept: *Heute (1953) unterscheidet sich die Schule nicht sehr von der Schule im Jahr 1921.*[209]

Neill hielt an der Dalcroze-Schule Vorträge über Psychologie, wobei er aus seinen Gesprächen mit Homer Lane und den dadurch angeregten Freud-Studien schöpfte, in die zugleich seine aktuelle Lektüre von Werken Wundts, Silberers («Der Traum» 1919) oder C. G. Jungs («Psychologische Typen» 1921)[210] miteinfloß.

Bereits in Hellerau zeigten sich auch persönliche Schwachstellen, die es Neill künftig stets schwer werden ließen, die Leitung einer Schule zu betreiben: *Ich fürchte, ich bin kein geborener Arbeitgeber, denn ich bewerte einen Kandidaten eher nach seinem Aussehen als nach seinen Kenntnissen oder Theorien.*[211] Er wand sich aus diesem Dilemma, indem er konstatierte: *Es ist unmöglich, Personal zu finden, das mit meinen*

Edwin Muir in Wien 1924

Vorstellungen von Erziehung übereinstimmt, und es ist gut, daß das so ist[212]; jedoch könne er es sich bei seinem schlechten Deutsch noch nicht leisten, seine Idealvorstellung eines Lehrerkollegiums zu verwirklichen: *Ein Sozialist mit bolschewistischen Neigungen, einer römisch-katholisch, ein Asket, der Tabak, Alkohol und Foxtrott haßt, Charlie Chaplin, ein Gentleman, der Psychologie für eine Krankheit hält, und eine Lady, die an die Erbsünde glaubt.*[213]

Tatsächlich bestand das Lehrerkollegium seiner Schule aus Persönlichkeiten, die er sehr bewunderte. So traf Neill zufällig seine frühere Studienkollegin Willa Muir an einer Straßenbahnhaltestelle in Dresden. Sie reiste zu jener Zeit mit ihrem Mann Edwin Muir, einem von den englischen Kanalinseln stammenden Schriftsteller, durch Europa und nahm Neills spontanes Angebot, an der Schule zu unterrichten, nach kurzer Bedenkzeit an.[214] Edwin Muir lehrte nicht an der Schule – er gab sich literarischen Studien hin und machte Bekanntschaft mit einigen der freigeistigen Einwohner der Gartenstadt. «Sie alle hatten bestimmte Charakterzüge erworben, die man in keiner anderen kleinen Stadt in Deutschland gefunden hätte, eine bestimmte Anmut und verlegene Toleranz.»[215]

Ein weiterer Lehrer war Professor Zutt, ein Schweizer Handwerkslehrer, der Neill ermutigte, selbst praktische Arbeiten auszuführen. Erst seit dieser

Willa Muir während ihres Studiums, in der Zeit, in der Neill sie kennenlernte

Zeit beschäftigte Neill sich mit Techniken der Holz- und Metallbearbeitung. Künftig sollte es in keiner Schule, die Neill betrieb, an einer Werkstatt fehlen. Professor Zutt arbeitete nach Ideen, die sein Freund Franz Čižek, ein Professor an der Kunstgewerbeschule Wien, entwickelt hatte.[216] Neill hatte auf der Konferenz in Salzburg 1921 einen Vortrag Čižeks gehört und schätzte sich glücklich, nun einen Verfechter dieser Ideen an seiner Schule zu haben. Čižek hatte im Rahmen seiner Arbeit an der Kunstgewerbeschule bereits 1898 freie Kindermalkurse eingeführt, deren Resultate eine neue Sicht auf die kreativen Kapazitäten von Kindern eröffneten. Die damals revolutionären Einsichten Franz Čižeks sind im Laufe der Jahre selbstverständlicher Bestandteil jedes schulischen Kunstunterrichts geworden.[217]

Lilian Neustätter, Neills Gastgeberin in Hellerau, übernahm die Organisation des Schulheims, in dem sowohl Lehrer als auch Schüler untergebracht waren.[218] Sie wurde eine Mutterfigur für die Rhythmik-Schülerinnen und die jüngeren Kinder an Neills Schule; Neill wiederum übernahm so etwas wie eine Vaterrolle, mußte sich aber auch der «hoffnungslosen Leidenschaften»[219] der Rhythmik-Schülerinnen erwehren.

Lilian Neustätters Mann, *mein Freund und Gastgeber Dr. Otto*[220], übernahm die Geschäftsführung der neu gebildeten «Neue deutsche Schule AG». *Er ist so ein Mann, für den Eisenbahnschaffner immer die Türen von Erste-Klasse-Abteilen öffnen.*[221]

Neill war es von der sächsischen Schulverwaltung untersagt, Englisch zu unterrichten.[222] Er engagierte eine deutsche Englischlehrerin. *Ständig diskutierte sie mit mir über Akzente, und als einmal ein Ire zu Besuch kam, dessen irischer Akzent so stark war, daß man ihn mit dem Messer hätte schneiden können, schrie sie verzückt auf: «Wunderbar, das ist der richtige Oxford-Akzent!»*[223]

Frühzeitig stellten sich Schwierigkeiten in der Kooperation mit den Kollegen der Neuen deutschen Schule ein. Sie hatte sich – ursprünglich aus einer Elterninitiative hervorgegangen[224] – in Neills Augen zu einer ideologisch ausgerichteten Erziehungsanstalt entwickelt, die zum Ziel hatte, an ihren Schülern Charakterformung vorzunehmen. Die Ernsthaftigkeit und Humorlosigkeit der deutschen Pädagogen, die Charlie Chaplins Filme aus Mangel an erzieherischem Wert ablehnten, machten Neill zu schaffen: *Die Neue Schule wurde von Idealisten betrieben, von denen die meisten der Jugendbewegung Deutschlands angehörten. Sie verurteilten Tabak, Alkohol, Foxtrott und Kinos; sie trugen Wandervögel-Kleidung. Wir auf der anderen Seite hatten andere Ideale; wir waren gewöhnliche Menschen, die Bier tranken und rauchten und Foxtrott tanzten. […] Unsere Absicht war es, unser eigenes Leben zu leben, während wir den Kindern freistellten, ihr eigenes Leben zu leben. Wir gingen davon aus, daß Kinder ihre eigenen Ideen bilden würden.*[225]

Leiter der Neuen deutschen Schule war Dr. Carl Theil. Die Schule war erst Ostern 1920 gegründet worden, und Theil, der später in Zusammenhang mit dem «Weltbund für Erneuerung der Erziehung» in Erscheinung trat, hatte sich zur Aufgabe gesetzt, die Schule zu einer koedukativen Arbeitsschule mit einer regelstiftenden Schulgemeinde zu machen.[226] Die inflationäre Geldentwertung im Deutschland der zwanziger Jahre führte jedoch zum wirtschaftlichen Zusammenbruch der Neuen deutschen Schule, und Neill und Christine Baer übernahmen die Schule ganz. Da Neill jedoch Brite war und Christine Baer Amerikanerin, beugten sie Konflikten mit nationalistisch gesinnten Eltern und der Schulbehörde vor, indem sie Dr. Theil als Leiter des fortbestehenden deutschen Zweigs der Schule engagierten. In der Folge berichtet Neill von Abenden, an denen er im oberen Stockwerk mit seinen Schülern nach Grammophonplatten tanzte, während im unteren Stockwerk des Schulheims vom Leiter der deutschen Abteilung Goethe und Nietzsche vorgelesen wurden. *Etliche seiner Schüler schlichen nacheinander die Hintertreppe hinauf, um mitzutanzen. Das führte zu Verstimmungen.*[227]

Später übernahm Hermann Harless die Leitung der Neuen deutschen Schule. Harless hatte bis 1920 an Paul Geheebs Odenwaldschule gearbeitet und vorher wie nachher Kontakte zu Hermann Lietz gepflegt. Paul Geheeb hatte bereits 1908/09 mit den verantwortlichen Leuten in Hellerau über eine Übernahme der damals noch in Bau befindlichen Schule verhandelt. Sein Schüler Harless führte nun an der Neuen deutschen Schule das Kurssystem der Odenwaldschule ein.[228] Neill stellte befriedigt fest, daß *wir an dieselben Dinge glauben*[229], eine Einschätzung, die Hermann Harless nicht teilte. Im September schrieb er in einem Brief an Paul Geheeb: «Von unserm schönen Schulheim stehen mir ¾ der Räume für meine Schulheimkinder zu; ¼ etwa ist reserviert für eine englische Gruppe [...]. In verschiedenen wichtigen Erziehungsfragen stimme ich mit der Leitung dieser Gruppe nicht überein, und das macht das Zusammenleben etwas schwer.»[230] Willa Muir schreibt: «Eine von Neills erfolgreichsten Nummern eines Abends war die Imitation einer Ansprache von Herrn Doktor Harless, die immer mit den Worten begann: ‹Die Psÿchoanalÿse zwar...›.»[231] Die Zusammenarbeit innerhalb der unterschiedlichen Abteilungen der Schule ging also nicht über formale Aspekte hinaus – eine Übernahme deutscher reformpädagogischer Traditionen durch Neill fand trotz seiner Erkenntnis, daß die deutsche *Erziehungsbewegung weiter entwickelt ist als die Englands*[232], nicht statt. Und auch Hermann Harless sprach lediglich von einem «rauheren Arbeitsboden»[233], den die Erziehungskreise, in denen er nach seiner Zeit an der Odenwaldschule wirkte, darstellten. Dies waren unterschiedliche Bildungseinrichtungen, an denen er angestellt war, bis er schließlich das Landschulheim Marquartstein in Oberbayern gründete.[234]

Ein Theaterbesuch in Berlin, noch bevor Neill richtig deutsch sprechen und verstehen konnte, weckte in ihm die Begeisterung für Strindberg. Er sah Strindbergs «Totentanz»[235]. Bereits während seines Studiums hatte Neill Bekanntschaft mit Ibsens Dramen gemacht, und er bewunderte sein ganzes Leben lang die Stücke des norwegischen Dichters. Der Person Ibsen gegenüber war Neill jedoch kritisch eingestellt: *[...] alles, was ich über ihn las, gab mir das Gefühl, daß ich ihn nicht gemocht hätte, diesen mürrischen, entrückten Mann, der so gesellschaftskritisch und zugleich so erfreut war, die Auszeichnungen und Ehrungen der Gesellschaft zu empfangen.*[236]

Neill war von der kulturellen Vielfalt des Lebens in Deutschland tief beeindruckt. *Hier mußte ich feststellen, wie ungebildet ich war. Mein Universitätsabschluß schien mir gering; ich mußte bei Gesprächen über Kunst und Musik und Philosophie still danebensitzen.*[237] Es kamen bedeutende zeitgenössische Künstler wie Isadora Duncan oder Upton Sinclair nach Hellerau; letzterer verarbeitete die Atmosphäre der Dalcroze-Schule in seinem Roman «World's End» von 1940. So schildert er die Funktion der Schule als weit über die regionalen Grenzen hinaus wirkendes Kulturzentrum: «Auf einem Hochplateau stand ein großer weißer Tempel mit glatten runden Säulen davor, und zu ihm zogen Menschenscharen, die von Orten überall auf der Erde, an denen Kunst geliebt und geschätzt wurde, gereist kamen; Modeleute darunter, aber überwiegend Kunst-Leute, Schreiber und Kritiker, Musiker, Schauspieler, Produzenten – Prominente in so großer Zahl, daß es unmöglich war, sie alle aufzuzeichnen.»[238] Gespräche mit Zeitzeugen bestätigen diese euphorische Schilderung des kulturellen Lebens im damaligen Hellerau.[239]

Häufig besuchte Neill und der ihn umgebende Kreis die Theater und das Opernhaus in Dresden, und es waren nicht ausschließlich die akademisch Gebildeten in Neills Umfeld, denen er sich in kulturellen Fragen unterlegen fühlte. *Heute vermißte ich Emma, die gewöhnlich in der Küche ist. Ich erkundigte mich, wo sie denn sei, und bekam Bescheid, daß sie zu einem Symphonie-Konzert in der Dresdener Oper gegangen war. Sie kennt die besten Opern auswendig, und wenn wir ein Expertenurteil über ein Brahmskonzert hören wollen, gehen wir in die Küche.*[240] Nicht zuletzt aufgrund des kulturellen Angebots resümierte Neill 1970: *Für mich waren die beiden Jahre in Dresden die anregendsten meines Lebens.*[241]

Franz Kafka kannte die Gartenstadt Hellerau und die Dalcroze-Schule bereits seit 1914.[242] 1922 setzte er sich dafür ein, daß seine Schwester Elli ihre Kinder an Neills Schule schickte. Er schrieb damals in einem Brief: «Immerhin habe ich erreicht, daß meine Schwester mit dem Schwager und den Kindern in Hellerau waren, allerdings habe ich gerade durch diesen Zwischensieg jede Hoffnung auf den endgültigen Sieg verloren. Frau Neustädter [sic] hat sehr abgeschreckt, sie hatte boshafterweise an dem Tag gerade Schnupfen und Geschwüre im Gesicht, Herr Neustädter [sic], der Engländer, eine Hilfslehrerin, eine Dalcroze-Schülerin haben zwar sehr gefallen, konnten aber gegen den Schnupfen nicht aufkommen; die Schüler waren auf einem Ausflug, es war Sonntag.»[243] An keiner Stelle in seinen Schriften ging Neill weiter auf Kafka als Person ein. Lediglich in einem Brief schrieb er 1967: *Kafka. Ich sollte erröten, während ich sage, daß ich ihn nicht leiden kann; [...] für mich krank.*[244] Wahrscheinlich konnte Neill in den zwanziger Jahren die Verbindung zwischen den Besuchern und dem damals noch nicht besonders prominenten Schriftsteller nicht wahrnehmen. Dem Ehepaar Muir ging es offenbar nicht anders. Beide erwähnen in ihren Autobiographien für diese Zeit keinen Kontakt mit Kafka. Dabei sollten sie es sein, die die Schriften Kafkas später ins Englische übertrugen.[245]

Ein wichtiges Ereignis in der Zeit von Neills Aufenthalt in Deutschland war der Besuch seiner Eltern. Neill hatte sie eingeladen, und der günstige Wechselkurs ermöglichte es ihnen, in den besten Hotels Station zu machen. Neill besuchte mit ihnen und den Muirs die Passionsspiele in Oberammergau.[246] Es war die erste Auslandsreise, die seine Mutter unternahm.[247]

In Hellerau entstand das vierte der Dominie-Bücher, *A Dominie Abroad*, in dem Neill erstmals die Identität des Erzählers mit dem Protagonisten offenkundig werden ließ. Darin wird nahezu in Form eines Tagebuchs von den Erlebnissen in Deutschland berichtet. Gleichzeitig sollte das Buch offenbar auch bewirken, daß englische Leser ihre Kinder nach Hellerau schicken.

Als *A Dominie Abroad* erschien, bereitete sich Neill jedoch bereits darauf vor, Deutschland zu verlassen. *1923 brach in Sachsen die Revolution aus. In den Straßen von Dresden wurde geschossen. Unsere Schule wurde immer leerer.*[248] Ein kommunistischer Putsch löste in Sachsen einen Bürgerkrieg aus, die antisemitischen Übergriffe nahmen immer mehr zu, und so viele Kinder wurden von ihren Eltern nach Hause geholt, daß die Neue deutsche Schule gezwungen war, ihren Betrieb einzustel-

Titelbild von Neills sechstem Buch, in dem er seine Erlebnisse in Deutschland schildert

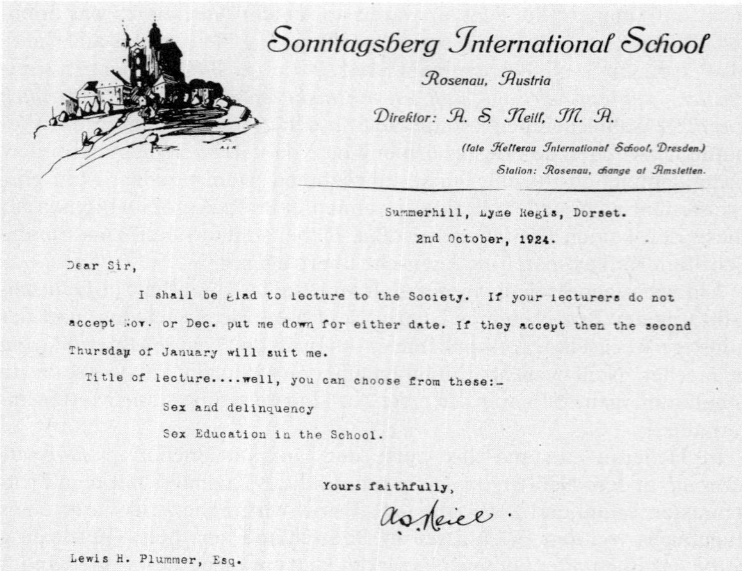

Sonntagsberg International School

Rosenau, Austria

Direktor: A. S. Neill, M. A.

(late Hellerau International School, Dresden)

Station: Rosenau, change at Amstetten.

Summerhill, Lyme Regis, Dorset.

2nd October, 1924.

Dear Sir,

I shall be glad to lecture to the Society. If your lecturers do not accept Nov. or Dec. put me down for either date. If they accept then the second Thursday of January will suit me.

Title of lecture....well, you can choose from these:-

Sex and delinquency

Sex Education in the School.

Yours faithfully,

A. S. Neill

Lewis H. Plummer, Esq.

Ein Schreiben Neills auf dem von ihm selbst gestalteten Briefpapier der Schule auf dem Sonntagberg (Neill schrieb stets fälschlich Sonntagsberg)

len. *Die Schule wurde geschlossen, und das gute alte Schulheim ging in andere Hände über. Die neuen Besitzer errichteten sofort einen Stacheldrahtzaun um es herum, ein Symbol dafür, daß die Freiheit Hellerau verlassen hatte.*[249]

Die Rhythmikabteilung Christine Baers hatte sich im österreichischen Laxenburg niedergelassen, und Neill nahm dies zum Anlaß, selbst durch Österreich zu reisen, um einen geeigneten Ort für seine Schule zu finden. Schließlich fand er auf dem Sonntagberg, vier Bahnstunden von Wien entfernt[250], ein ehemaliges Kloster, in dem ihm das Akademische Wohlfahrtswerk Österreichs Räume zur Verfügung stellte.[251]

Das Kollegium der Schule auf dem Sonntagberg setzte sich teils aus ehemaligen Mitarbeitern aus Hellerau, aber auch aus neu hinzugekommenem Personal zusammen: so begleitete Lilian Neustätter Neill nach Österreich, und Willa und Edwin Muir kamen nach einer Italienreise[252] auf den Sonntagberg. Hinzu kamen Willas Bruder Willie Anderson, ein italienischer Schreiner und Klavierspieler namens Giuseppe, eine Polin, die Lilian Neustätter in der Leitung des Schulheims zur Hand ging, und eine deutsche Köchin sowie das österreichische Hausmeisterpaar. Neben weiteren kurzfristig erscheinenden Gästen[253] tauchte eines Tages Bronwen Jones aus Wales auf, die viele Jahre lang bei Neill Mathematik unterrichten sollte.[254]

Dieser Schar von Erwachsenen standen gerade einmal neun Schülerinnen und Schüler gegenüber, von denen fünf aus England kamen.[255] Regulärer Unterricht fand an dieser Schule nicht statt – wenn die Kinder Fragen hatten, wurde eine Gruppe gebildet, die sich mit bestimmten Sachverhalten auseinandersetzte. Es wurden einfache Fotoapparate gebastelt oder mit Ton keramische Experimente vorgenommen.[256]

Trotz des familiären Rahmens, den die Schule nun hatte, mußte sich Neill mit einzelnen Kindern sehr intensiv beschäftigen. Bei einer Gelegenheit jedoch fühlte auch er sich überfordert und begleitete einen Jungen, dessen Hund aus dem zweiten Stock gestürzt war und getötet werden mußte, zu Wilhelm Stekel, einem Wiener Analytiker.[257] Neill hatte Wilhelm Stekel kurz zuvor kennengelernt und suchte ihn seitdem selbst als Patient regelmäßig auf. 1923 hatte er Stekels Buch «Nervöse Angstzustände und ihre Behandlung» (1908) – es erschien zu jener Zeit in englischer Sprache – in der Juli-Ausgabe der «New Era» rezensiert.

Stekel – ursprünglich Gründungsmitglied der Psychoanalytischen Mittwoch-Gesellschaft (er hatte Freud 1902 zur Einführung dieser Sitzungen angeregt) – wurde innerhalb der psychoanalytischen Bewegung hauptsächlich durch Traum- und Symboldeutungen bekannt. Seine intuitive Vorgehensweise war es, die zu immer tieferen Meinungsverschiedenheiten zwischen ihm und den Freudianern führte. Bereits seit 1912 war er nicht mehr Mitglied der Psychoanalytischen Vereinigung, nachdem es zwischen ihm und Freud zu ernsten Differenzen gekommen war.[258] In seiner Autobiographie schrieb Neill über die Analyse bei Wilhelm Stekel, sie habe lediglich seinen Intellekt erreicht, aber keine Emotionen bei ihm ausgelöst.

Neills Analytiker in Wien: Wilhelm Stekel

In Wien begegnete Neill auch Pädagogen und Psychoanalytikern wie Siegfried Bernfeld, Otto Rank und August Aichhorn, dem er einen Abend lang von Homer Lane erzählte.[259] Mit Sigmund Freud traf Neill nie zusammen.[260]

Mit Wilhelm Stekel verband Neill bald eine Freundschaft.[261] Stekel erwähnte diese Freundschaft auch in seinem nächsten Buch: «Mein Freund A. E. [sic] Neill, der bekannte englische Pädagoge und Schriftsteller, Verfasser zahlreicher anregender Bücher aus dem Leben der Schule und der Schüler, hat ein neues System geschaffen, in dem die Kinder machen können, was sie wollen. In einzelnen Fällen hat er bemerkenswerte Resultate erzielt. Und doch scheint es, daß er von einem Extrem ins andere verfällt, weil er von der These ausgeht: Das Kind ist von Haus aus gut und wird erst durch falsche Erziehung schlecht gemacht.»[262]

Der Schotte Neill ärgerte sich nicht nur über die falschen Initialen: *[...] er nannte mich «den bekannten englischen Pädagogen».*[263]

Auf Stekels Anregung hin schrieb Neill eine Geschichte auf, die er bereits in Hellerau den Kindern erzählt hatte. Sie erschien 1924 unter dem Titel *A Dominie's Five or Free School* und ist die blutrünstige Schilderung einer Afrika-Reise eben jener fünf Kinder, denen Neill sie erzählt. *Die Geschichte befriedigt mein Ego ebensosehr, wie sie die Egos der fünf befriedigt.*[264] Die Analyse der Geschichte durch Wilhelm Stekel hat Neill nie öffentlich gemacht. Er widmete dieses fünfte und letzte Buch der Dominie-Reihe seiner Mutter: *Für meine Mutter, die im Alter von siebzig Jahren begann, in der Fremde zu reisen.*[265]

Das Leben auf dem Sonntagberg gestaltete sich im Lauf der Zeit wesentlich weniger beschaulich als der idyllische Rahmen des kleinen Wallfahrtsortes erwarten ließ. Der Ort – in 704 Meter Höhe gelegen – befand sich häufig über der Wolkendecke und lag recht abgeschieden.

Als zu Ostern 1924 die Wallfahrten zu der dem Schulgebäude benachbarten Kirche der Heiligen Dreieinigkeit wieder einsetzten, versahen die Kinder mit Hilfe von Spiegeln Steinfiguren mit Heiligenscheinen. *Als der Trick der Kinder herauskam, wunderte ich mich, daß wir nicht gelyncht wurden, denn die einheimischen Bauern waren die abscheulichsten Menschen, denen ich je begegnet bin.*[266] Auch der Diebstahl einiger Kerzen und eines Kruzifixes in einem der Souvenirläden durch einen Schüler Neills erhitzte die Gemüter. Die Dorfbewohner nahmen Anstoß daran, daß sich ein neunjähriges Mädchen im Badeanzug sonnte, und schütteten Scherben in den Badeteich.[267] Sogar Gerüchte über nackte Schüler, die nachts an der Außenfassade des Hauses in Zimmer des Personals kletterten, machten die Runde.[268] Schließlich untersagte die österreichische Schulverwaltung den Schulbetrieb: es müsse gewährleistet sein, daß im vorgeschriebenen Maße Religionsunterricht und Leibesertüchtigung für die Jungen sowie hauswirtschaftlicher Unterricht für die Mädchen erteilt werde. Dieser Forderung wurde durch den Besuch eines bajonettbewehrten Gendarmen Nachdruck verliehen. Zu allem Überfluß ging die Bank, bei der Neill sein Geld deponiert hatte, in Konkurs[269], und so wurde im Juli der Beschluß gefaßt, die Schule nach England zu verlegen.[270] Lilian Neustätter, die im Begriff war, sich von ihrem Mann zu trennen, war an diesem Beschluß beteiligt und begleitete Neill.[271]

«Summerhill»

Als Neill und Lilian Neustätter im Sommer 1924 nach England kamen, machten sie sich auf die Suche nach einem geeigneten Schulgebäude. Im damals fünf Eisenbahnstunden südwestlich von London gelegenen Lyme Regis wurden sie fündig und mieteten ein stattliches Gebäude aus dem frühen neunzehnten Jahrhundert auf dem «Summer-Hill» mit einem atemberaubenden Blick über den Ort und die Lyme-Bucht.[272] Ursprünglich war der Name des Hauses «Pine Crest», aber die Bezeichnung «Summerhill» bürgerte sich ein, wohl auch, weil Lilian Neustätters Elternhaus in Australien diesen Namen getragen hatte.[273] In Lyme Regis

Das Schulgebäude auf dem «Summer-Hill» in Lyme Regis

wohnte damals die Schwester von Lilian Neustätter, die unter dem Pseudonym Henry Handel Richardson als Schriftstellerin bekannt geworden war.

In der Oktoberausgabe der Zeitschrift «New Era» erschien die Notiz: *A. S. Neill, der Dominie, hat seine Internationale Schule heimgebracht und sich in Summerhill, Lyme Regis, niedergelassen. Er spezialisiert sich auf Problemkinder und sagt, daß er Jungen und Mädchen aufnehmen will, die an anderen Schulen beschwerlich, faul, träge, antisozial sind. Standhaft weigert er sich, Kompromisse einzugehen… «Hier ist meine Schule», sagt er den Eltern, «absolute Freiheit zu arbeiten oder zu spielen. Nehmt es an oder laßt es bleiben.»*[274]

Erst bildeten nur fünf Kinder, die bereits auf dem Sonntagberg dabeigewesen waren, die Schülerschaft der kleinen Schule. Von ihnen bezahlten aber nur drei die Schulgebühren. Infolgedessen waren Neill und Lilian Neustätter darauf angewiesen, die Schule im Sommer als Pension zur Aufnahme von Feriengästen zu verwenden. In der Not half ein Australier zuerst unfreiwillig der finanziell bedrängten Schule. Er hatte einen Scheck auf die «New Education Fellowship» ausgestellt. *Ich schrieb ihm, ich sei der falsche Mann, und fragte an, ob ich den Scheck an die Gesellschaft für Neue Erziehung weiterschicken sollte. Nein, antwortete er, behalten Sie ihn. Das war damals ein Gottesgeschenk und hat uns wahrscheinlich vor dem Bankrott gerettet.*[275]

1925 fand eine Gerichtsverhandlung gegen Homer Lane statt, der versäumt hatte, seine Aufenthaltsgenehmigung für England verlängern zu lassen. Der Amerikaner wurde des Landes verwiesen. Vier Monate später starb er in Paris. *Als ich in der Zeitung von Lanes Tod las, ertappte ich mich dabei, daß ich lächelte. Ich hielt es zuerst für Gefühllosigkeit, aber später fand ich, glaube ich, die richtige Erklärung dafür: Ich war nun endlich frei. Bis dahin hatte ich mich immer auf ihn verlassen… was wird Homer dazu sagen? Nun mußte ich auf meinen eigenen Füßen stehen.*[276] An einer Stelle schreibt Neill sogar: *Ich habe nicht eher angefangen, gute Arbeit zu leisten, bevor nicht mein Freund und Meister Homer Lane starb.*[277] Lane hinterließ eine Pflegetochter namens Olive. Neill und Lilian Neustätter nahmen sie als weitere nicht zahlende Schülerin auf.[278]

Die Atmosphäre an der Schule beschreibt die Schriftstellerin Ethel Mannin, die Lyme Regis Mitte der zwanziger Jahre besuchte und ihre Tochter Jean[279] bei Neill zur Schule schickte. Sie schildert ihren Besuch und die Arbeit Neills detailliert in «Confessions and Impressions» von 1930: «In so einer Gemeinschaft kannst du kommen und gehen, wann du willst, sprechen oder schweigen, wie du willst […] Die Atmosphäre ist wirklich ‹frei›. Du kannst am Tisch lesen, wenn du möchtest, und aufstehen und weggehen, sobald du aufgegessen hast; niemand beschwert sich.»[280] Sie resümiert: «Summerhill *ist* Neill. Es ist die direkte Umsetzung seiner Persönlichkeit.»[281] Auch in der bereits 1928 erschienenen No-

Ethel Mannin mit ihrer Tochter Jean, die in Lyme Regis Neills Schülerin war

velle «Green Willow» verarbeitete Ethel Mannin die Eindrücke, die sie bei einem Besuch gesammelt hatte.[282]

1926 veröffentlichte Neill sein achtes Buch, *The Problem Child*. Kurz nach der Ankunft in England hatte er angefangen, daran zu arbeiten, und beschäftigte sich darin – anders als in den vorhergehenden Büchern – sehr ernsthaft mit der Psychologie des Kindes.

Auf anschauliche Weise und in einem etwas weniger leichten Ton als in den vorhergehenden Büchern versuchte Neill deutlich zu machen, daß es die moralbetonte Erziehung der Eltern ist, die Kinder schwierig macht. *Das schwierige Kind ist ein Kind, das unglücklich ist. Es ist im Krieg mit sich selbst und konsequenterweise im Krieg mit der Welt.*[283] *Es ist der Gebrauch von Wörtern wie «unartig» oder «schlecht» oder «schmutzig», der Schaden anrichtet. Wenn das Motto lautet: Ich muß dem Kind kein schlechtes Gewissen einreden, kann man ein Minimum an Schaden an-*

richten. Ein Buch nach einem Jungen zu werfen mit einem «Hau ab, ich bin beschäftigt!» ist ganz unschädlich, wenn der Junge keine Angst vor einem hat. Ihn aber eine Stunde nach dem Vorfall in das Büro zu holen und ernsthaft mit ihm über sein Benehmen zu reden, ist schädlich.[284] In diesem Buch findet sich auch die einzige Stelle in Neills Schriften, an der er eine Erklärung dafür bereithält, warum er sich stets nur «Neill» nennen ließ: *Ich hatte immer ein schlechtes Gefühl, wenn meine Schüler meinen Vornamen mit seiner Abkürzung aus der Kindheit kennenlernten (Alec, Allie).*[285]

Die Veröffentlichung des Buches erhöhte die Popularität der Schule schlagartig. Dies wirkte sich auf die Anzahl der Schülerinnen und Schüler sowie auf die Einkünfte aus. Viele der Kinder waren wirklich Problemkinder. *Warum habe ich je ein Buch The Problem Child genannt? Der Name verhieß einigen hundert Eltern, die nicht wußten, was sie mit ihren problematischen Sprößlingen anfangen sollten, ein Allheilmittel*[286], schrieb Neill später. Er hörte jedoch auch in der Folge nicht auf, Eltern problematischer Kinder anzusprechen.[287]

Neill setzte seine «private lessons», Einzelgespräche mit Schülerinnen und Schülern, fort.[288] *Ich war damals ein ausgemachter Narr. Ich meinte, daß Psychoanalyse außer einem gebrochenen Bein alles heilen könnte.*[289] Die Schule verfügte über eine regelstiftende «Schulgemeinde», die wöchentlich zusammentrat. Zwischenzeitlich etablierte sich ein parlamentarisches System, und einmal ernannte sich Neill auch zum Diktator.[290] Beide Regierungsformen wurden schnell wieder von der alle Mitglieder umfassenden Schulversammlung abgelöst.[291] Derartige Vorgänge sollten sich in der Geschichte Summerhills mehrmals wiederholen.[292] Der Besuch des Unterrichts war freigestellt, und einzelne Kinder spielten monatelang, anstatt zum Unterricht zu gehen.[293]

Neill, der der Institution Ehe eher skeptisch gegenüberstand, heiratete Lilian Neustätter *der Schule wegen: ich mußte mich ehrbar und solide geben*[294]. Als weiteren Grund gab Neill an, daß er Lilian Neustätter die Annahme der britischen Staatsbürgerschaft ermöglichen wollte. Aufgrund ihrer früheren Ehe mit Otto Neustätter hatte sie sich als Ausländerin regelmäßig bei der Polizei zu melden, worüber sie sich ärgerte. Otto Neustätter kam im übrigen häufig zu Besuch, und es bestand ein freundliches Verhältnis zwischen den ehemaligen Eheleuten.

Lilian Neustätters Aufgaben im Schulbetrieb waren vielfältig: Sie überwachte die Tätigkeit der «Hausmütter», die Neill in Zusammenhang mit der steigenden Anzahl an Kindern eingestellt hatte, regelte die finanziellen Angelegenheiten[295] und unterrichtete selbst Fächer wie Stenographie, Schreibmaschineschreiben, Geschichte, Deutsch und Englisch.[296]

Bronwen Jones, die bereits in Österreich Lehrerin an Neills Schule geworden war, unterrichtete ebenfalls in Lyme Regis. Das Ehepaar George und Angharad Corkhill komplettierte etwa 1926 die Lehrerschaft:

George Corkhill unterrichtete Naturwissenschaften, und Angharad Corkhill, die stets an Neills Erziehungsideen zweifelte, arbeitete als Hausmutter.[297] Die Corkhills blieben an Neills Schule, bis sich George Corkhill im Jahre 1954 nach 28 Jahren Arbeit an der Schule zur Ruhe setzte.[298] Während der Zeit in Lyme Regis war es George Corkhill, der Zeltlageraufenthalte und sogar zwei Ferienreisen nach Frankreich und Deutschland organisierte.[299]

Neills steigende Popularität wirkte sich nicht allein auf die Anzahl an Kindern aus, die die Schule besuchten, seine Person selbst wurde immer gefragter. So reiste er, Vorträge über Sexualität haltend, durch England. Dazu eingeladen wurde er von unorthodoxen und intellektuellen Gruppierungen und Institutionen wie der «British Sexological Society» und den «Heretics» in Cambridge, einem Zusammenschluß von Intellektuellen, dem auch George Bernard Shaw und Bertrand Russell angehörten.[300]

Seit 1926 pflegte Neill die Bekanntschaft mit dem Ehepaar Bertrand und Dora Russell. Der bekannte englische Philosoph und Mathematiker und seine zweite Frau standen im Begriff, eine eigene Schule, die Beacon Hill School, zu gründen. Die Schule sollte nach ähnlichen Grundsätzen geführt werden wie Summerhill; Russell hatte jedoch den Anspruch, die intellektuelle Entwicklung der Kinder an seiner Schule in jeder Hinsicht zu fördern.[301] Neill pointierte diese Differenz in einer Anekdote vom Aufenthalt der Russells an seiner Schule: *In einer sternklaren Nacht machten wir einen Spaziergang. «Russell», sagte ich, «der Unterschied zwischen uns beiden ist der: hätten wir jetzt einen Jungen dabei, dann würden Sie ihm jetzt gerne etwas über die Sterne erzählen, und ich würde ihn seinen eigenen Gedanken überlassen.» Russell lachte, als ich hinzufügte: «Ich sage das vielleicht nur, weil ich schon so verdammt viel über die Sterne weiß.»*[302] Während ihres Besuchs in Lyme Regis im Mai 1927 machten

Dora Russell, die die Beacon Hill School leitete

William B. Curry, der Leiter der Schule Dartington Hall

Alfred Adler

sich die Russells ein Bild von den praktischen und organisatorischen Voraussetzungen einer Internatsschule.[303] *Ich habe irgendwo über meinen «guten alten Freund Bertrand Russell» geschrieben, dabei habe ich ihn, nachdem er vor annähernd fünfzig Jahren eine Woche in Summerhill verbrachte, nur noch ein einziges Mal wiedergesehen (wenn wir auch miteinander korrespondierten).*[304]

Der Austausch zwischen Neill und den Russells bestand aus einem gelegentlichen Briefwechsel. Als Dora Russell seit 1931 die Schule allein leitete[305], versicherte ihr Neill, daß er ihre Schule neben seiner und der von William B. Curry (Dartington Hall) für die einzige wahrhaft progressive Schule hielte.[306]

Neill hielt in jenen Jahren weiter Kontakt zu Wilhelm Stekel und interessierte sich für die Theorien Alfred Adlers, den er wenige Jahre später kennenlernen sollte. *Ich traf Alfred Adler in Stockholm zum Abendessen und fand ihn charmant, aber ich fühlte, daß er in der Psychologie nur über oberflächliche Dinge redete.*[307] Stekel emigrierte 1937 nach England und besuchte Summerhill einige Male.[308] Er nahm sich im Juni 1940[309] in England das Leben, worüber Neill sehr traurig war.[310]

Im Herbst 1927 mußte die Schule umziehen: *Ich bedauerte es nicht, als der Mietvertrag auslief. Ich kaufte mir einen alten rundnasigen Morris Cowley und reiste entlang der Südküste auf der Suche nach einem Haus.*

Neill und seine Frau Lilian vor dem Haupteingang der Schule in Leiston, um 1930

Ich sah einige Schönheiten, die bis zu 20000£ kosten sollten. Dann erweiterte ich meine Suche auf die Ostküste, und das Haus in Leiston war das letzte auf meiner Liste. Der Preis betrug nur 3250£, und wir nahmen für den Kauf eine Hypothek auf.[311]

Das neue Schulgebäude war ein großes viktorianisches Haus, das – bevor Neill es übernahm – eine Mädchenschule beherbergt und den Namen Newhaven getragen hatte. Das umliegende flache Gelände war mit weiteren einzelstehenden Gebäuden bebaut, bot jedoch auch weite freie Flächen, einen Ententeich und Kiespfade.

Kinder aus Summerhill im Zeltlager in Schottland mit Neill und George Corkhill (zweiter von rechts)

Aufgrund der beschränkten finanziellen Möglichkeiten mußten Neill und seine Frau viel improvisieren. So wurden beispielsweise Eisenbahnwaggons vom nahegelegenen Bahnhof herbeigeschafft, um Schlafplätze für die älteren Jungen zu schaffen, ein Squash Court wurde mit Hilfe ausgedienter Kinobänke zu einem Theater ausgebaut, in dem jeden Sonntagabend «spontanes Schauspielen» realisiert wurde[312], und als Bestuhlung des Lehrerzimmers mußten alte Autositze vom Schrottplatz herhalten.[313] Im Chemieunterricht experimentierten ältere Schüler unter der Anleitung von George Corkhill mit der Herstellung von Sprengstoff, mit dessen Hilfe ein lästiger Baumstumpf mitten auf dem Hockey-Feld gesprengt werden sollte. Eine Explosion im Chemiesaal brachte alle Beteiligten von dieser Improvisationsmethode ab, und mit Hilfe umfangreicher Grabungsarbeiten und eines Traktors wurde der Baumstumpf schließlich auf herkömmliche Art entfernt.[314]

Das flache Gelände an der englischen Ostküste hielt Neill nicht davon ab, für die neue Schule den mittlerweile gewohnten Namen «Summerhill» zu übernehmen. *[...] in den 45 Jahren seither hat mich noch nicht ein einziger Besucher nach dem Grund des Namens gefragt, obwohl die Umgebung doch völlig eben ist.*[315]

Zum Zeitpunkt des Umzugs hatte die Schule 31 Schülerinnen und Schüler; bis 1934 sollte die Anzahl sich auf 70 erhöhen.[316] George Corkhill organisierte gelegentlich Fahrten mit der Privatlokomotive eines benachbarten Traktorenwerkes, welches wiederholt besichtigt wurde.[317] 1932 waren Kinder aus Summerhill zusammen mit Neill und George Corkhill im Zeltlager in Schottland.

Im Jahre 1929 fand eine Konferenz in Helsingør statt, die von Beatrice Ensor im Auftrag der «New Education Fellowship» organisiert worden war. Das Leitthema der Konferenz lautete «Die neue Psychologie und der Lehrplan»[318]. Der Tagungsort der Konferenz war das Hamlet-Schloß Kronborg.[319] Neill nahm an dieser bis dahin größten internationalen Erziehungskonferenz teil und hielt einen der insgesamt 250 Vorträge. Er übernahm die Leitung einer Diskussionsgruppe mit dem Namen «The Problem Child». Unter den 2000 Menschen aus 43 Ländern, die an dieser Konferenz teilnahmen, befanden sich Maria Montessori sowie Helen Parkhurst. Die Diskussion der Montessori-Methode und des durch sie angeregten Dalton-Planes der Amerikanerin Helen Parkhurst aus dem Jahr 1920 standen im Mittelpunkt der Konferenz. Neill traf erneut Franz Čižek, den er bereits 1921 in Salzburg kennengelernt hatte[320], und Christine Baer, die in Hellerau neben seiner Schule die Rhythmik-Abteilung

Neill (Bildmitte) als Schauspieler in einem seiner eigenen Stücke
im Theater Summerhills

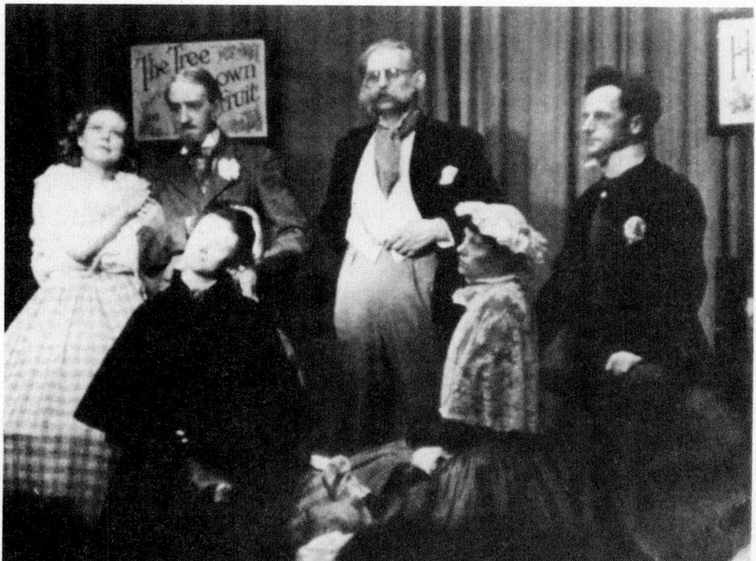

geleitet hatte. Weitere namhafte anwesende Pädagogen waren Ovide Decroly, Adolphe Ferrière, Elisabeth Rotten, Oskar Pfister, Jean Piaget sowie der indische Dichter, Philosoph und Schulgründer Rabindranath Tagore und Paul Geheeb.[321]

Eine langwierige Nierenbeckenentzündung führte 1929 zu einem Aufenthalt Neills in der Edinburgher Klinik des Ehepaars Thomson, das er bereits 1923 kennengelernt hatte. Neill sollte diese Klinik in der Folge immer wieder besuchen. In seiner Autobiographie von 1972 beschreibt er diese Episode als seinen Zugang zur Naturheilkunde: *Vor vierzig Jahren lag ich drei Monate mit einer Nierenbeckenentzündung, und damals begann ich mich für Naturheilkunde zu interessieren. Sie schien zu meinen Gedanken über Erziehung zu passen. Rohkost und Buttermilch waren so etwas wie ein Pendant zum freien Kind; Medikamente entsprachen dagegen der äußerlichen Schuldisziplin. Natürlich stimmt diese Analogie nicht. Ich ging jedes Jahr in eine Klinik für Naturheilkunde, und jedesmal fühlte ich mich danach erfrischt und fit.*[322] Die Gedanken der Thomsons zur Vollwerternährung wurden von Neills Frau Lilian geteilt, die in der Schulküche in Summerhill eine ähnliche Ernährung durchgesetzt hatte.

Während der dreißiger Jahre unternahm Neill ausgedehnte Vortragsreisen innerhalb Englands, aber auch nach Norwegen und Schweden. Eine Reise nach Südafrika kam auf Einladung der «Transvaal Teachers Association» zustande, die Neill eine Schiffsüberfahrt in der ersten Klasse finanzierte; Neill konnte sich jedoch während der langen Fahrt mit den Snobs in seiner Umgebung nicht anfreunden. *Eine meiner Hoffnungen auf dieser Reise nach Südafrika war, daß keine Seele an Bord meinen Namen kennen würde.*[323] Die Anonymität ermöglichte es ihm, während der Reise ein weiteres Projekt in Angriff zu nehmen: *auf meiner Reise nach Südafrika fühlte ich mich von meinen Mitreisenden so isoliert, daß ich in meiner Kabine blieb und ein Buch schrieb – That Dreadful School.*[324] Er bezieht sich in dem 1937 erschienenen Buch immer wieder auf die Reisesituation und beschreibt seine Ablehnung gegenüber den «höheren» Schichten.

Im übrigen stellte das Buch eine Vorbereitung auf die zahllosen Vorträge dar, die Neill in Südafrika halten sollte. Erstmals schrieb er zusammenhängend seine Erziehungsphilosophie nieder. Deshalb bekam das Buch auch einen provokativen Titel, der sich deutlich abhob von den als Reihe konzipierten Titeln der übrigen in diesen Jahren entstehenden Bücher, den «Problem»-Büchern. Ursprünglich war dem Autor kein passender Titel eingefallen, und nach der Reise wurde ein Wettbewerb in Summerhill veranstaltet, den eine der Hausmütter mit ihrem Vorschlag gewann.[325] (In der Schweiz erschien das Buch 1950 unter dem Titel «Selbstverwaltung in der Schule».)

Während seines Aufenthalts in Südafrika hielt Neill zahlreiche Vorträge in unterschiedlichen Teilen des Landes. Sie waren sehr gut besucht.[326] Als Anhang in *That Dreadful School* sind die Fragen angefügt, die Neill am häufigsten im Anschluß an die Vorträge gestellt wurden. So wird deutlich, daß insbesondere seine ablehnende Haltung der Kirche gegenüber immer wieder auf starke Gegenwehr stieß.

Unvermittelt entwickelte Neill den Plan, eine Zweigschule Summerhills in Südafrika zu gründen. Einige reiche Geschäftsleute hatten ihm angeboten, die Gründung in Kroonstad zu finanzieren.[327] Die religiösen Kreise im Land machten diese Idee jedoch unausführbar. Es entwickelten sich hitzige Debatten über Neills antireligiöse Haltung sowohl im Anschluß an Neills Vorträge als auch in den südafrikanischen Zeitungen. Im «South African Sunday Express» wurde von einer Stellungnahme berichtet, die von vierzehn Pastoren und zwei Missionaren der Holländischen Reformierten Kirche unterzeichnet worden war und in der Neill vorgeworfen wurde, er habe gesagt: *Gott ist nur eine Person, wie ich auch*, und: *Christi Liebe ist so groß, daß er nicht an die Sünde glauben konnte.*[328] *Ich habe nie gesagt, daß Gott eine Person wie ich sei: was ich sagte war, daß Gott für mich das tief Unterbewußte im Menschen ist, die gute Lebenskraft, die von den Moralisten pervertiert worden ist. Ich habe nie über Christus gespottet. Als ich die Zuhörer fragte, ob sie sich vorstellen könnten, daß Jesus Kinder schlägt, fragte mich jemand, was ich denn von der Geißelung der Geldverleiher im Tempel hielte. Ich antwortete, daß dieser Vorfall Jesus menschlich mache und deshalb liebenswerter.*[329]

Diese Pressekampagne führte dazu, daß einzelne Veranstalter bereits organisierte Vorträge wieder absagten.[330]

Neills Äußerungen gegen die Apartheidpolitik haben offensichtlich viel weniger Staub aufgewirbelt als seine Kritik des dort und anderswo praktizierten Christentums. *In meinen Augen war sie ein Verbrechen gegen die Menschlichkeit, aber einige Professoren und Lehrer, denen ich dort begegnete, hielten die Apartheid für ein geeignetes und notwendiges System.*[331]

Später, nachdem der Zweite Weltkrieg ausgebrochen war und Neill sich im regnerischen Wales aufhielt, bedauerte er, daß er seine Pläne einer Zweitschule in Südafrika so schnell wieder aufgegeben hatte.

Augenscheinlich hat Neill es sich in den sieben Wochen in Südafrika sehr gutgehen lassen. Er schwärmte noch im hohen Alter von den idealen Bedingungen, die die südafrikanischen Vortragssäle boten. *Am besten gefiel mir bei meinen Vorträgen in Südafrika, daß in jeder Stadt der Einladende der Bürgermeister war und daß sich in jeder Stadthalle hinter dem Podium sein Zimmer befand und darin eine Bar mit Reihen von Flaschen.*[332] Die Rückfahrt nach England gestaltete sich dementsprechend jämmerlich: *Nach meiner Vortragsreise in Südafrika, nach zuviel Alkohol und zuwenig Bewegung war mir, als ich wieder an Bord ging, sterbenselend zumute.*[333]

Bertrand Russell mit Kindern der Beacon Hill School

Konflikte zwischen Neill und der «New Education Fellowship», deren Organ «The New Era» Neill Anfang der zwanziger Jahre mit herausgegeben hatte, waren nicht selten gewesen. Schließlich hatte Neill seinen Posten als Mitherausgeber aufgrund einer Auseinandersetzung mit Beatrice Ensor, seiner damaligen Kollegin im Amt, verloren.[334]

1931 unterzeichnete er daher eher widerwillig eine Denkschrift mit dem Titel «Committee of Private Schools» der «New Education Fellowship». Darin ging es um die drohende Einführung von Schulinspektionen an Privatschulen. *Im Bewußtsein, daß die Inspektion trotzdem kommt, dachte ich, daß es nicht schaden kann, einmal mit dem Strom zu schwimmen*[335], schrieb er an Bertrand Russell. 1932 ließ er seinem Ärger über die Fellowship freien Lauf, als er erfuhr, daß eine neue Unterabteilung der Organisation, die die progressiven Schulen fördern sollte, Eltern einzelne Schulen bevorzugt empfahl.[336] Summerhill war nicht unter diesen empfohlenen progressiven Bildungseinrichtungen.

Im Jahr 1932 wurde Neills zweites Buch der «Problem»-Reihe, *The Problem Parent*, veröffentlicht. Neill versuchte in diesem Buch, sein Hauptinteresse auf die Eltern zu fokussieren. *Ich weiß von keinem anderen Autor, der so einfach vom Thema abgleiten kann wie ich*[337], schreibt er darin jedoch stolz, während er beispielsweise zum wiederholten Mal kundtut, daß es ein Fehler von ihm gewesen sei, in Summerhill Kinder mit angeborenen oder erworbenen Hirnschäden in der Hoffnung aufzunehmen, sie durch psychologische Beeinflussung heilen zu können.[338] Bei der Lektüre dieses und der in den folgenden Jahren geschriebenen

Bücher wird angesichts der vielen Wiederholungen deutlich, daß Neill seine vorhergehenden Bücher nie wieder durchgesehen hat, wenn er sich an die Abfassung eines weiteren Buches machte. *Seine eigenen Bücher zu lesen ist eine Tortur, und ich kann mich einfach nicht entschließen, nachzulesen, was ich alles schon geschrieben habe.*[339]

Neills Erziehungsidee wird durch keine neuen Aspekte erweitert. Statt dessen bekommt das Kind einen neuen Namen: in *The Problem Parent* werden Neills pädagogische Ideen erstmals als *Summerhill-methods*[340] bezeichnet.

Neill bat Bertrand Russell, das Manuskript des Buches zu lesen, der ihn aufforderte, die Problematik streitender Eltern mehr in den Vordergrund zu rücken.[341] Im übrigen ging Neill mit den Eltern sehr hart ins Gericht. Es seien die heimlich unglücklichen Ehen, die Problemkinder produzierten, wie im übrigen Unehrlichkeit seitens der Eltern stets zu Neurosen bei Kindern führe. Aufgezwungene Religiösität und die Forderung von Liebesbezeugungen von Kindern führten zu Schäden an der kindlichen Psyche.

Die Popularität, die Summerhill mit Neills Büchern und durch seine Vortragsreisen gewann, hatte bereits im Januar 1932 dazu geführt, daß eine Warteliste für die Aufnahme in Summerhill bestand.[342]

Der Verkaufserfolg von Neills Büchern war bemerkenswert und nicht zuletzt auf den Umstand zurückzuführen, daß der Autor in seinen «Problem»-Büchern den humoristischen Schreibstil der «Dominie»-Reihe abgelegt hatte. Zwar sind einzelne erheiternde Episoden auch in diesen Büchern anzutreffen, die Texte sind jedoch von Neills Bemühen geprägt, seiner erfolgreichen Erziehungspraxis eine schlüssige Theorie zur Seite zu stellen.[343]

Zu Beginn der dreißiger Jahre hatte Neill eine lange, zunächst heimliche Affäre mit einer österreichischen Besucherin Summerhills, der er in seiner Autobiographie den Decknamen Helga gibt. Bereits 1932 schrieb Neill in seinem damals entstehenden Buch *The Problem Parent* desillusioniert über die Ehe: *wenn die Ehe älter wird, verwandelt sich die Liebe, die ursprünglich sexuell war, in eine Kameradschaft.*[344] Sein Seitensprung blieb nicht unentdeckt: *Dann kam meine Frau hinter unser Verhältnis. Wochen abscheulicher Diskussionen und grausamer Worte folgten. Ich dachte daran, wegzugehen und mit meiner neuen Liebe zusammenzuleben. Ich tat es nicht. Wieder ein Konflikt zwischen Liebe und meinem Beruf. Wäre ich zu Helga gegangen, hätte das meine Schule ruiniert. Und ich glaube heute, daß meine Leidenschaft damals – ich war fünfzig – das war, was man oft die kritische Zeit des mittleren Alters nennt, ein letzter Versuch, Jugend, Romantik und Leidenschaft zu wiederholen.*[345]

Offenbar konnten sich Neill und seine Frau im Lauf der Zeit einigen. Die Beziehung zu Helga bestand fort und erlebte – wie die Ehe – Höhen

Ein Bild Neills, das dem Buch «The Problem Parent» (1932) beigefügt war

und Tiefen[346], bevor sie 1938 beendet wurde. Neill fand jedoch bald darauf eine andere Freundin.[347]

1936 erschien ein weiteres Buch Neills, das aus der Reihe der «Problem»-Bücher ausscherte. *Is Scotland Educated?* war Teil einer Reihe des Verlags Routledge & Sons, die sich mit schottischen Themen auseinandersetzte. In diesem Buch rechnete Neill mit seiner schottischen Erziehung ab, nicht ohne beschwichtigende Worte für seine schottischen Landsleute anzufügen. Gleichwohl gemahnte er sich und die Leser gleich zu Anfang daran wahrzunehmen, daß er eigentlich unqualifiziert sei, dieses Buch zu verfassen, weil er keinen Überblick über die gegenwärtige Situation in Schottland habe.[348] So kommt es, daß die Schrift eigentlich ein Vergleich zwischen alten schottischen Erziehungsstrukturen, die wohl noch existent waren (die Prügelstrafe an schottischen Schulen wurde erst 1982 abgeschafft[349]), und Neills Schule in Ostengland wurde. Stolz berichtete er, daß er gegenwärtig 26 Angestellte habe[350] und daß seine Vorträge in Oslo und Stockholm mit wesentlich mehr Wohlwollen aufgenommen würden als die in Aberdeen und Edinburgh.[351] Schließlich fügte er dem Buch noch eine Buchrezension bei, in der er selbst die Kritik zu seinem Werk formulierte: *Der Autor sagt, was er meint, und er sagt es klar, auch wenn das, was er meint, nichts zu bedeuten hat.*[352]

Neill muß 1936 auf einer Reise in Deutschland in Berlin-Tempelhof eine Rede Hitlers gehört haben. An mehreren Stellen erwähnt er diese Begebenheit[353], und in seiner Autobiographie berichtet er von einer Begegnung mit einem Trupp SS-Männern in Hannover, bei der er nicht die Hand zum Hitlergruß hob. *Zwei Berittene kamen auf mich zu, und ich zitterte, denn nicht lange zuvor hatte mein Freund Geoffrey Cox, heute Sir Geoffrey, in Berlin ein ähnliches Erlebnis gehabt, und sein Paß hatte ihn nicht davor bewahrt, zusammengeschlagen zu werden. Hastig zeigte ich den beiden Berittenen meinen Paß. Sie zögerten und zogen dann weiter. Ich flüchtete mich sofort in den sicheren Bahnhofswartesaal.*[354]

Weder der bereits in der Hellerauer Zeit deutliche Antisemitismus noch die Herrschaft des Nationalsozialismus führten bei Neill zu einer pauschalen Verurteilung der Deutschen. Seine positiven Erinnerungen an Deutschland überwogen in seiner Darstellung stets gegenüber den zeitgeschichtlichen Ereignissen. Er und seine Frau handelten konkret, wenn es um Hilfe für bedrängte Menschen ging. Ende der dreißiger Jahre zum Beispiel beherbergte Summerhill Flüchtlinge aus Deutschland und Österreich. Neill versuchte, Bekannte aus der Zeit in Hellerau an andere Schulen zu vermitteln, und versah einzelne, wie zum Beispiel Ilse Rolfe, mit Anstellungsurkunden, damit sie aus Deutschland ausreisen konnten.[355]

Neill sympathisierte mit den Aktivistinnen und Aktivisten im Spanischen Bürgerkrieg, den General Franco schließlich mit Hilfe Hitlers und Mussolinis gewann. Benefizveranstaltungen fanden in der Schule statt, um die Spanienflüchtlinge zu versorgen, und einzelne Flüchtlingskinder wurden kostenfrei aufgenommen.[356] In seinen Büchern bezog Neill häufig Stellung zu den Geschehnissen in Spanien und kritisierte die englische Regierung, die den spanischen Republikanern aus Neutralitätsgründen keine Waffen liefern wollte: *Der eigentliche Grund war, daß un-*

sere herrschende Klasse (die den Staat bildet) gefühlsmäßig auf der Seite Francos war [...].[357]

Seit Mitte der dreißiger Jahre unternahm Neill Vortragsreisen nach Schweden und Norwegen, wo ihn eine begeisterte Zuhörerschaft erwartete.[358] Hier war es auch, wo er die Bekanntschaft mit Wilhelm Reich machte.

Im Winter 1935/36[359] hielt Neill sich in Norwegen auf. *Ich hielt eine Vorlesung an der Osloer Universität, und danach sagte der Professor zu mir: «Heute abend war ein berühmter Mann unter Ihren Zuhörern, Wilhelm Reich.» «Mein Gott», sagte ich, «ich habe gerade auf dem Schiff seine ‹Massenpsychologie des Faschismus› gelesen.» Ich rief Reich an, und er lud mich zum Essen ein. Wir unterhielten uns bis spät in die Nacht hinein, und ich war fasziniert.*[360]

Reich, der frühzeitig aus Österreich vor den Nationalsozialisten geflohen war, hielt sich, nachdem er kurze Zeit in Dänemark gewesen war, in Norwegen auf, wo er als Analytiker arbeitete. Er war ein Schüler Freuds, hatte sich jedoch bald von dessen Lehren gelöst und ging in der Psychoanalyse eigene Wege. Reich stellte die Verbindung von Psychoanalyse und marxistischer Gesellschaftskritik her und wurde später sowohl aus der Internationalen Psychoanalytischen Gesellschaft als auch aus der Kommunistischen Partei ausgeschlossen.[361] Auf einer Vortragsreise durch die junge Sowjetunion hatte Reich noch 1920 argumentiert, daß der Kommunismus ohne eine ihn begleitende sexuelle Revolution zu einem bürokratischen Staat erstarren würde.[362] Insbesondere die Unterdrückung jugendlicher Sexualität erkannte Reich als Mittel der herrschenden Klasse, die gesellschaftliche Ordnung aufrechtzuerhalten. Er gründete 1931 in Berlin den «Deutschen Reichsverband für Proletarische Sexualpolitik», eine Bewegung, die später unter dem Kürzel «Sexpol» (so wurde der dem Verband angegliederte Verlag benannt) bekannt wurde. Aufgabe dieses Verbandes war es, Sexualaufklärung zu betreiben und politisch auf die Abschaffung von Gesetzen hinzuwirken, die den Jugendlichen ein freies Sexualleben untersagten.[363]

Reichs frühe Arbeiten wurden im Laufe der Zeit als wissenschaftlich brillant und außerordentlich fortschrittlich anerkannt. Seine Forschungen nach der Emigration, insbesondere aus seinen Jahren in den USA, stießen hingegen weitestgehend auf Ablehnung und Unverständnis.

Als Neill Reich traf, stellte er eine hohe Übereinstimmung seiner Vorstellungen mit denen Reichs fest. Neill, der zu diesem Zeitpunkt bereits dreiundfünfzig Jahre alt war, entwickelte eine tiefe Sympathie zu dem sechzehn Jahre jüngeren Analytiker, der in jener Zeit eine Phase der tiefgreifenden Umgestaltung seiner Arbeit erlebte. Er hatte sich als Analytiker in Oslo niedergelassen und betrieb die von ihm entwickelte «Vegetotherapie». *Reich sagte mir damals: Der Grundirrtum der Psychoanalyse*

Neill im Alter von 54 Jahren

besteht darin, daß sie mit der Sprache arbeitet, obwohl der Mensch sein Trauma als kleines Kind erlebt, wenn er noch gar nicht sprechen kann. Ich bin noch heute überzeugt, daß Reich der größte Psychoanalytiker nach Freud ist.[364]

Neill entschied sich dafür, im November 1937 eine Analyse bei Wilhelm Reich in Norwegen aufzunehmen. Neills Vater starb in diesem Monat fünfundachtzigjährig[365]; bereits drei Jahre früher, 1934, war seine Mutter im Alter von neunundsiebzig Jahren gestorben. Die relativ kurz aufeinanderfolgenden Tode der Eltern mögen wie einst der Tod der Lieblingsschwester Clunie Neills Entschluß befördert haben, sich einer Therapie zu unterziehen. Bis zum Tod der Eltern hatte Neill wöchentlich Briefe mit ihnen ausgetauscht.[366]

Die Technik der Vegetotherapie entwickelte sich erst in der Zeit, in der Reich und Neill sich kennenlernten. Reich stellte Muskelverspannungen und ihre Verknüpfung mit emotionalen Funktionen fest und therapierte sie anfangs, indem er sie seinen Patienten erklärte, später aber auch, indem er gezielte Massage anwendete.[367] *Er sagte, ich könnte nur etwas lernen, wenn ich mich seiner vegetativen Therapie unterzöge, was bedeutete, daß ich nackt auf dem Sofa lag, während er meine steifen Muskeln bearbeitete. [...] Es war eine anstrengende und oft auch schmerzhafte Therapie, aber innerhalb weniger Wochen fand ich mehr emotionale Befreiung, als ich je bei Lane, Maurice Nicoll oder Stekel gefunden hatte.*[368]

Während eines dreimonatigen Aufenthalts zum Jahreswechsel 1937/38[369], einer längeren Periode 1938 und schließlich im April 1939[370] war Neill in Norwegen und ließ sich täglich etwa eine Stunde lang von Reich behandeln.[371] Reich regte Neill dazu an, während seiner freien Zeit seine Kindheitserinnerungen aufzuschreiben. So entstand bereits Ende der dreißiger Jahre der erste Teil von Neills Autobiographie *Neill! Neill! Orange Peel!*, die erst 1972 in der auch in Deutschland unter dem Titel *Neill, Neill, Birnenstiel!* verlegten Version in den USA erscheinen sollte. Daß Neill sich gerade zu diesem Zeitpunkt wieder intensiv mit seiner Kindheit befaßte, lag sicher auch daran, daß beide Eltern nun nicht mehr am Leben waren. Hatte er bereits vorher in seinen Büchern häufig Beispiele aus seiner eigenen Kindheit herangezogen, um nachzuweisen, wie kindliche Neurosen entstehen, konnte er nun die Kindheit in ihrer Gesamtheit betrachten, ohne Rücksicht auf die Gefühle der Eltern nehmen zu müssen.

In den langen Pausen zwischen Neills Aufenthalten in Norwegen schrieben Neill und Reich sich zahlreiche Briefe. Auch nach Reichs Emigration in die USA Anfang 1939 behielten beide diesen brieflichen Austausch bei, und aus dem Patient-Therapeut-Verhältnis entwickelte sich eine tiefe Freundschaft. *Meine Verbindung mit Reich wirkte sich jedoch nicht auf meine Schularbeit aus. Summerhill hatte schon sechsundzwanzig Jahre bestanden*, schrieb Neill 1967, die Zeitdimensionen stark überschätzend, *als ich ihn kennenlernte, und das Zusammentreffen änderte an der Schule direkt nichts.*[372]

Lediglich Neills Einstellung zu analytischen Praktiken hatte sich im Laufe der Jahre deutlich geändert. In den dreißiger Jahren beispielsweise analysierte er sogar einzelne Lehrer an seiner Schule, was zu Eifersucht bei den sich vernachlässigt vorkommenden Kindern führte.[373] Aber auch die «private lessons» mit den Kindern erlebten unterschiedliche Phasen, bis Neill schließlich feststellte, daß sowohl die Kinder, die von ihm analysiert worden waren, als auch die Kinder, die lediglich in der Freiheit Summerhills aufgewachsen waren, die Schule frei von Neurosen verließen.[374]

Bereits 1937 korrespondierte Neill mit Paul Geheeb, der einen Englischlehrer suchte und sich an Neill gewandt hatte. Neill antwortete ihm: *Sie sind einer der wenigen Erzieher, mit denen ich mich gerne unterhalten würde.*[375] Seit Neill 1922 mit einem ehemaligen Lehrer von Paul Geheebs Odenwaldschule zusammengearbeitet hatte, war ihm das Schulkonzept Geheebs vertraut. 1934 hatte Geheeb seine Ecole d'Humanité gegründet, die während der folgenden Jahre an unterschiedlichen Orten in der Schweiz praktizierte[376], bis Geheeb sich 1946 in Goldern niederließ. Hier sollte Ende der fünfziger Jahre Neills Tochter Zoë zur Schule gehen. Im selben Brief ging er auf Geheebs Gedanken der Internationalität ein: *Ich mag Ihre Idee einer Schule der Menschheit* – gemeint ist Geheebs Ecole d'Humanité –, *aber ich habe Zweifel, daß sie unter kapitalistischen Bedingungen ausgeführt werden kann. Der Sozialismus wäre die natürliche Umgebung dafür [...].*[377]

In den frühen dreißiger Jahren entwickelte Neill wie viele andere europäische Intellektuelle ein starkes Interesse für die nachrevolutionären Entwicklungen in der Sowjetunion. Der Sozialismus schien damals ein vielversprechendes Gesellschaftssystem, in dessen Rahmen sich progressive Erziehungsexperimente durchführen ließen. *Die Wahrheit ist, daß ich an die neue Ordnung glauben w o l l t e; ich wollte glauben, daß die neue Erziehung in Rußland wunderbar sei.*[378] Diese Euphorie nahm ein Ende, als Stalins innenpolitische «Säuberungsaktionen» allmählich an die Weltöffentlichkeit drangen. Neill erwähnte die Erziehungsrealität Rußlands in den folgenden Jahren und insbesondere nach Ende des Zweiten Weltkriegs in seinen Veröffentlichungen immer kritischer.

1938 erschien in England *The Last Man Alive: A Story for Children from the Age of Seven to Seventy*, das in Deutschland später unter dem Namen *Die grüne Wolke* ein Bestseller wurde.[379]

Es war das einzige Buch, in das ich Humor und Spaß hineinpacken konnte, außerdem war es eine erfundene Geschichte, während viele der anderen Bücher voller Ansichten waren, von denen sich manche mit der Zeit und mit zunehmender Erfahrung als falsch erwiesen.[380]

Die Geschichte der grünen Wolke ist eine blutrünstige Schilderung der Welt, deren Menschen – bis auf eine kleine Schar der Summerhill-Schüler mit Neill und dem Millionär Pyecraft – durch eine rätselhafte grüne Wolke versteinert worden sind. Einige weitere Menschen kamen ebenfalls davon: der Deutsche «Fritz» wird auf dem Gipfel der Zugspitze verschont, und der italienische Franco-Söldner Silvo, Kommandant einer U-Boot-Besatzung, treibt weiter sein antirepublikanisches Unwesen, in das die Kinder von Summerhill verwickelt werden.

Interessant sind die Kommentare der Kinder, die von Neill die Geschichte erzählt bekamen, in der sie selbst wichtige Rollen spielen. Neill fügt sie aus der Erinnerung immer am Abschluß der Kapitel hinzu.

The Problem Teacher, das dritte Buch der «Problem»-Reihe, kam 1939 heraus. Nachdem Neill sich 1936 mit dem schottischen Schulsystem aus-

«Neill schwang sich von Baum zu Baum wie Tarzan.»
Illustration aus der Erstausgabe von «The Last Man Alive», 1938

einandergesetzt hatte, behandelte dieses Buch die Lehrerinnen und Lehrer, wie sie Neill in England kennengelernt hatte. Die Einstellungen von Teilnehmern einer Erziehungskonferenz, die im Frühsommer 1939 in Summerhill stattgefunden hatte, wird im Anhang des Buches von Neill kommentiert: *Einige von denen, die da waren, waren wirklich daran interessiert, die Psychologie des Kindes zum wichtigsten Studiengegenstand für Lehrer zu machen, aber eine große Zahl vermittelte den Eindruck, daß Schulfächer und Disziplin in der Erziehung am wichtigsten seien.*[381] Neill hatte zu dieser Konferenz eingeladen, weil er sich im Rahmen seiner Beschäftigung mit *The Problem Teacher* Gedanken zur Rolle der Lehrer in der Erziehung gemacht hatte. *Ich war enttäuscht, nicht so viele Rebellen zu finden, wie ich zu finden gehofft hatte. […] Ich hätte aufschreien können: «Das Entscheidende ist die Natur des Kindes, und all das Gerede über Klassengrößen und Lehrpläne trifft nicht den Punkt.»*[382]

In *The Problem Teacher* machte Neill klar, daß es ihm weder auf Methoden der Wissensvermittlung noch auf Unterrichtsgegenstände ankam. Er kritisierte den Mangel an Psychologie-Kenntnissen bei Lehrern und forderte eine völlige Umstrukturierung der Lehrerausbildung, obgleich er einleitend bemerkte, daß er keine Ahnung von der gegenwärtigen Praxis habe.[383]

Neill bei einem Elterntag 1937, als ihm scherzhaft ein Lorbeerkranz aufgesetzt wurde. Die Fotografie wurde von Adolphe Ferrières Sohn Claude gemacht, der damals in Summerhill mitarbeitete.

Die Zuspitzung der weltpolitischen Ereignisse wurde in Neills Büchern der damaligen Zeit nur am Rande erwähnt. Allerdings vermochte er es, die Erziehungsthematik in einen globalen Zusammenhang zu bringen, und erkannte verhängnisvolle politische Entwicklungen bereits früh. Nachdem beispielsweise Chamberlain als Verhandlungsführer der Briten, Italiener und Franzosen die sudetendeutschen Gebiete der damaligen Tschechoslowakei Hitler zugesprochen hatte, spendeten Neill und seine Frau der Tschechoslowakei-Hilfe einen Betrag. Sie machten diese Spende öffentlich, indem sie in der lokalen Presse in Anspielung auf das Blutgeld Judas' inserierten: *Mr. und Mrs. Neill: Dreißig Silberlinge.*[384]

Krieg und Krise

Der Ausbruch des Zweiten Weltkriegs brachte auch für Summerhill einschneidende Veränderungen mit sich. Eines der ersten Anzeichen hierfür war die mit der Lebensmittelrationierung einhergehende Einführung von Gartenarbeit als Pflicht durch das Self-government.[385] An Adolphe Ferrières Sohn Claude, der einige Zeit in Summerhill gearbeitet hatte[386], schrieb Neill in diesem Herbst: *Die* S t i m m u n g *an der Schule ist besser, als sie in den letzten Jahren jemals gewesen ist.*[387]

Mit Hilfe der Kinder und einzelner Eltern wurden auf dem Gelände Luftschutzräume gebaut, die im Verlauf des Herbstes und im Frühjahr des folgenden Jahres immer häufiger benutzt werden mußten. Schließlich verkündete im Juni 1940 das Militär, daß das Schulgebäude requiriert sei, und Neill schickte die Kinder in die Ferien.[388]

Er begab sich auf die Suche nach einem Notquartier und machte Pläne, das Haus zu verkaufen.[389] Auch Überlegungen, die Schule in die USA zu verlegen, wurden angestellt. *Ich habe schon mit dem Gedanken gespielt, zu versuchen, sie nach Amerika zu bringen, aber irgend etwas in mir war dagegen; ich nehme an, eine Art Weigerung, vor der Gefahr davonzulaufen*[390], schrieb Neill im August 1940 an Wilhelm Reich aus Ffestiniog, einem kleinen Ort in Nord-Wales, wo er schließlich eine renovierungsbedürftige alte Villa gefunden hatte, die einige Zeit leergestanden hatte. Die Heizung war defekt, Fenster und Türen mußten repariert werden, und durch das Dach regnete es herein. Nachdem diese notwendigen Reparaturen durchgeführt waren, verurteilten der unablässige Regen und die isolierte Lage die Gemeinschaft zu einem tristen Warten auf das Kriegsende. *Vor Bomben sind wir in Wales zwar sicher, aber das Wetter ist ständig regnerisch und schwächt den Tatendrang, und man ist isoliert von Kultur und Gesellschaft.*[391] *Hier sind wir so weit weg vom Geschehen, sehen selten Filme, denn das würde bedeuten, in der Schlange stehend auf den Bus zu warten, gewöhnlich in heftigem Regen. Besucher können nicht kommen. Man wird der Gesichter und des Geredes der Belegschaft müde.*[392]

Neills Interesse an Psychologie ließ in dieser Zeit stark nach[393], die «private lessons» wurden eingestellt, und erst langsam begann Neill wie-

Das Gebäude in Ffestiniog (Wales), in dem Summerhill während des Zweiten Weltkriegs untergebracht war

der, einzelne Schülerinnen und Schüler zu behandeln. Er berichtete Reich im weiteren Kriegsverlauf von seinen Versuchen, dessen Technik der «Vegeto-Therapie» zu praktizieren: *Ich veg-therapiere 4 Mädchen und 4 Jungen, alles Jugendliche. Oft wünsche ich mir, ich könnte deinen Rat einholen, aber ich glaube, es ist besser, daß es nicht geht.*[394] Später äußerte er sich hierzu noch einmal: *Es gibt da Probleme. Als Laie darf ich keine nackten Jungen oder Mädchen im Badeanzug behandeln – es kann mir zumindest übles Gerede einbringen –, und sie mit Schichten von Kleidung bedeckt zu behandeln ist unbefriedigend. Ein größeres Problem ist meine Unkenntnis der Anatomie. Ich könnte leicht eine geschwollene Drüse am Hals für eine Muskelverspannung halten.*[395] Im religiösen Wales hätte es zur unmittelbaren Schließung der Schule geführt, wenn derartige therapeutische Praktiken an die Öffentlichkeit gedrungen wären. Bereits der Umstand, daß Neill und die Kinder an einem Sonntag im Garten arbeiteten, brachte ihnen von einem Passanten einen Vortrag über die Entheiligung des Tages des Herrn ein.[396] So waren es nicht allein die klimatischen Bedingungen, die Neill das Leben in Wales schwermachten. *Mir geht es gut, aber ich bin nie so recht froh mit meinem Exil in Wales. Das Klima, der Calvinismus, Personalprobleme, das alles macht mir zu schaffen.*[397] In seiner Autobiographie sollte Neill sein Leben in Wales noch pointierter charakterisieren: *Ich war in die Atmosphäre meines schottischen Heimatdorfes zurückgekehrt. Kirchen und Choräle, überall – mit der dazugehörenden Scheinheiligkeit.*[398]

Die Lehrerschaft an der Schule bereitete Neill zunehmend Schwierigkeiten, wie er Reich gegenüber beklagte: *Vor allem sind die tatkräftigen Leute meist im Krieg, und die Gesellschaften füllen sich mit Pazifisten und Spinnern. Ich habe eigentlich nichts gegen Pazifisten als solche, aber ich habe eine Reihe von ihnen hier als Lehrer (man kann sonst niemanden bekommen) und habe die Nase voll von ihrer Unfähigkeit und Phantasterei und negativen Einstellung zum Leben. Es ist tatsächlich so, daß mich mein Personal mehr mitnimmt als die Schüler; und oft fragen mich Besucher: «Warum haben Sie eigentlich so normale Kinder und so neurotische Lehrer?»*[399]

Trotz solcher Schwierigkeiten gab es gerade während des Krieges Neugründungen progressiver Schulen. So gründete John Aitkenhead im schottischen Kilquhanity seine Kilquhanity House School nach dem Vorbild Summerhills. Aitkenhead hatte ursprünglich Lehrer in Summerhill werden wollen, änderte seine Pläne bei Kriegsausbruch jedoch und inserierte – mit Billigung Neills – in verschiedenen Zeitungen, daß er eine Schule «nach dem Vorbild Summerhills» in Schottland gründen wollte. In den ersten Jahren wurde die Schule auch nach den gleichen Grundsätzen wie Summerhill betrieben; als jedoch obligatorischer Unterrichtsbesuch eingeführt wurde, sorgte Neill dafür, daß Aitkenhead, dessen Arbeit er nach wie vor hoch schätzte, die Parallelität zu Summerhill nicht weiter im Schulprospekt anführte.[400]

Weitere Schulen wurden gegründet, die Neill auch besuchte, um seinen Einfluß zu verstärken[401], und 1944 gründete seine «Kinderfrau» Lucy Francis – sie hatte stets die jüngsten Kinder in Summerhill betreut – mit der Unterstützung Neills eine Zweigstelle Summerhills, wie er es Wilhelm Reich stolz zur eigenen Tat verklärt berichtete: *ich habe näher an London eine Zweigschule eröffnet, die sich bezahlt machen wird, wie ich glaube.*[402] Die Schule bekam den Namen Kingsmuir nach dem Ort, in dem Neill aufgewachsen war.[403]

Möglicherweise war es der Umstand, daß viele Eltern ihre Kinder in ländlichen Schulen sicherer wähnten als in den Metropolen, der einen wahren Ansturm auf diese Schulgründungen bewirkte. Neill berichtet in dieser Zeit von Wartelisten von 80 bis 150 Schülern[404], die er nicht aufnehmen könne. Ihm war jedoch bewußt, daß viele Kinder von ihren Eltern lediglich wegen der sicheren Lage in Wales an seine Schule geschickt wurden und daß sie nach dem Krieg möglicherweise wieder abgemeldet werden würden.

Bereits zu Anfang des Krieges hatte Neills Frau, Lilian, einen leichten Schlaganfall erlitten; ein Arm blieb gelähmt. Sie wurde in zunehmendem Maße verwirrt. *Meine Frau wird immer hinfälliger, und ihr Geist ist infantil. Ich bemühe mich sehr um ein Heim für sie. Es ist ganz schön schrecklich und äußerst deprimierend, sie so zu erleben.*[405] Im Frühjahr 1943 wurde sie in ein psychiatrisches Heim eingeliefert[406], in dem sie schließlich am 30. April 1944 starb.

S'hill kann nie wieder so sein, wie es war, aber es muß weitermachen, und das wird es auch, solange ich dafür sorgen kann. Ich kann sie nie mit einer anderen Frau ersetzen, die ihre Weltkentniss [sic] hat oder ihren Sinn für Kultur, mit dem man einen Müllmann oder ein Genie unterhalten konnte.[407] *Auf eine Art war es ja eine Erlösung für sie, denn ihr Leben war in den letzten drei Jahren eine Qual gewesen. Aber ihr Tod hat mich doch stark getroffen. Gab mir das Gefühl, so furchtbar allein zu sein.*[408]

In *Hearts not Heads in the School*, das in diesen Jahren entstand, schrieb Neill das letzte Kapitel als Nachruf auf «Mrs. Lins», wie sie stets von den Kindern genannt worden war.[409] An dieser einen Stelle wird die Leistung der Frau an Neills Seite gebührend gewürdigt. Es ist fraglich, ob Summerhill und die Erziehungsidee Neills je über längere Zeiträume funktioniert hätten, wenn nicht das organisatorische Talent seiner Frau ein tragendes Grundgerüst hierfür geschaffen hätte. Die aufopfernde Arbeit der Hausmütter, deren Inhalte an keiner Stelle in Neills Schriften näher beschrieben werden, dürfte zum Funktionieren der Schule und zu ihrer Kontinuität in ebenso hohem Maße beigetragen haben wie die eifrige Öffentlichkeitsarbeit, die Neill für die Schule betrieb.

Neills depressive Stimmung jener Zeit mag neben dem gesundheitlichen Verfall seiner Frau und dem beständig schlechten Wetter auch an der mangelnden Öffentlichkeit im abgelegenen Wales gelegen haben. Seine Bücher wurden wegen Papiermangels nicht wieder aufgelegt, und neue konnten aus dem gleichen Grund nicht gedruckt werden. Auch das Schreiben machte ihm plötzlich Schwierigkeiten. Im Dezember 1942 gestand er Wilhelm Reich: *Sorgen macht mir, daß ich unfähig zum Schreiben bin.*[410] Er arbeitete in dieser Zeit an seinem vierzehnten Buch *Hearts not Heads in the School*, das schließlich erst nach Kriegsende erscheinen sollte.

Eine öffentliche Veranstaltung während des Krieges war eine Ausstellung von Bildern, die die Kinder unter Anleitung ihres Kunstlehrers Robin Bond gemalt hatten.[411] Die Ausstellung fand in der Arcade Gallery in der Londoner Bond Street statt und war ein großer Erfolg. Robin Bond, den Neill ein *Genie im Umgang mit den Kindern*[412] nannte, hatte durch seine große Popularität im Kunstunterricht und in der Theaterarbeit eine Position erreicht, die es ihm erlaubte, Neills Verhalten gegenüber den an der Schule beschäftigten Lehrern zu kritisieren. Er warf ihm vor, die Schule selbstherrlich zu leiten. Gleichzeitig war er es, der eine Gruppe von Schülerinnen und Schülern um sich scharte, die gegenüber den anderen Kindern eine elitäre Gemeinschaft bildete.[413] Derartige Vorkommnisse hatte es in Summerhill immer gegeben, und auch später mußte sich Neill häufiger mit einzelnen Lehrerinnen und Lehrern beschäftigen, deren Umgangsweise mit den Kindern er nicht billigen

Neill als Schriftsteller

konnte. Gleichwohl war die Kritik Robin Bonds nicht völlig aus der Luft gegriffen. *[...] der alteingesessene Jesus von S'hill mag Rivalen nicht gern*[414], schrieb Neill 1948 an Wilhelm Reich.

Um seine Schreibhemmungen zu überwinden, plante Neill bereits 1943, die Biographie von George Douglas Brown zu schreiben. Brown hatte den Roman «The House with the Green Shutters» (Das Haus mit

Ena Wood, Neills zweite Frau, die in Wales zur Belegschaft Summerhills hinzugekommen war

den grünen Fensterläden) verfaßt, einen Roman, der das schottische Landleben des neunzehnten Jahrhunderts schildert. Die Hauptfiguren sind ein tyrannischer Vater und dessen sich allmählich emanzipierender Sohn – eine schottische Ödipus-Geschichte, mit dem gleichen tragischen Ausgang.[415] Seit das Buch 1901 erschienen war, hatte es sich zu Neills Lieblingslektüre entwickelt. Jedesmal, wenn er sich in Edinburgh aufhielt, ging er in die National Library, um in den Originalmanuskripten zu lesen. Er kannte den Text nahezu auswendig.

Neill machte sich auf den Weg nach Ayrshire, dem Herkunftsgebiet Browns, um Material zu sammeln. Die Ausbeute war jedoch gering, und nach einiger Zeit gab er das Unternehmen wieder auf.[416]

Ena Wood, Neills spätere zweite Frau, war ursprünglich als Küchengehilfin nach Ffestiniog gekommen.[417] Sie avancierte jedoch schnell zur Hausmutter und dann zu Neills «Sekretärin», wie er sie in Briefen an Wilhelm

Reich nannte. Im Oktober 1944 schrieb er: *Inzwischen muß ich durch eine sehr schwierige Zeit. Einige Mitarbeiter sind sehr gegen meine Sekretärin, die mir aber in jeder Hinsicht eine Menge bedeutet*[418]; und er fügte im November an: *Es ist jetzt schon viel besser, nachdem ich den Mitarbeitern bekanntgegeben habe, daß ich die junge Dame, die meine Sekretärin ist, heiraten werde.*[419] Neill war zu diesem Zeitpunkt 61 Jahre alt und Ena 34. Wilhelm Reich argumentierte sehr gegen eine Eheschließung Neills – damit ginge Neill einen verhängnisvollen Kompromiß mit den ungeschriebenen Regeln der Gesellschaft ein.[420] Tatsächlich paßte es offenbar genausosehr in Neills Vorstellungswelt wie in die gesellschaftlichen Konventionen, daß eine Internatsschule von einem Ehepaar betrieben wurde. Die Heirat, die schließlich 1945 stattfand, war – wie schon Neills erste Eheschließung 1927[421] – eine unspektakuläre Angelegenheit.[422]

1945 kam auch *Hearts not Heads in the School* heraus. Neill verteidigte in diesem Buch seine Einstellung gegenüber dem Bücherlernen an herkömmlichen Schulen. Kinder und einzelne Lehrer hatten Neill vorgeworfen, sie daran zu hindern, eine effektive Examensvorbereitung zu betreiben. Neill war tatsächlich gegen die intensive Examensvorbereitung gewesen, das Self-government hatte ihn jedoch überstimmt (als die Examenskandidaten die Prüfungen mit zum Teil sehr guten Resultaten absolviert hatten, stellte er es so hin, als sei die Idee mit den Examen von ihm gewesen[423]). Ein weiterer wichtiger Aspekt in diesem vierzehnten Buch Neills war die Situation der Jugend während des Zweiten Weltkriegs. Es sei Neills Generation, die sich für die Beteiligung an diesem Krieg entschieden habe, aber die Generation, die an die Front müsse und am meisten unter dem Krieg leide, sei die der Jüngeren.[424]

Im August 1945 kehrte die Schule zurück nach Leiston. Die Gebäude waren vom Militär übel zugerichtet worden. *Vielleicht war der froheste Tag in meinem Leben der, an dem ich 1945 nach dem verhängnisvollen Zwischenspiel in Wales nach Leiston zurückkehrte. Die Schule war in einem schlimmen Zustand. Die Armee hatte sie fünf Jahre lang gehabt und in dieser Zeit mehr Schaden angerichtet, als die Kinder in 25 Jahren angerichtet hätten, aber das alles machte nichts aus.*[425] Die Schule nahm im Herbst ihre Arbeit wieder auf, und die Kinder beteiligten sich an den Renovierungsarbeiten.[426]

1946 veröffentlichte Neill einen Beitrag über George Bernard Shaw in einem Sammelband zu Ehren des Dichters zu seinem neunzigsten Geburtstag. Bereits während seines Studiums in Edinburgh hatte Neill sich intensiv mit Shaws Werk auseinandergesetzt und fühlte sich nun geehrt, in einer Reihe mit bedeutenden Literaten und Philosophen einen Beitrag zur Ehrung des großen Schriftstellers leisten zu dürfen.[427] Sein Aufsatz trug den Titel *Shaw und die Erziehung*, und Neill gelang es darin, sein Jugendidol Shaw auf charmante Art zu demontieren. *Nein, es ist*

Shaw, der Lehrer, der gefährlich ist. Der, der kann, lehrt, der, der nicht kann, schreibt über das Lehren[428], persiflierte er ein geläufiges Shaw-Zitat. *[…] ich behaupte, daß seine Erziehungstheorien unmittelbar von seinen eigenen Lehrern abgeleitet und deshalb von keiner großen Bedeutung sind.*[429] Gleichwohl seien Shaws Erziehungstheorien immer noch dazu geeignet, herkömmlichen Lehrern und Eltern wie Ketzerei zu erscheinen.[430] Neill bezog sich in seinen Schriften außerordentlich häufig auf Shaw, beließ es aber in der Regel bei bloßem name dropping und ging nicht tiefer auf die Ideen des bewunderten Autors ein; gelegentlich ließ er es auch nicht an Spott über den prominenten Literaten fehlen. Hierbei war er sicher von Homer Lane inspiriert worden, der Shaw nicht leiden konnte; so konnte Neill es sich nicht verkneifen anzumerken, daß auch Shaw, der überzeugte Vegetarier, Schuhe aus Leder tragen müsse.[431] In seiner Autobiographie reflektierte Neill, ob nicht G. B. Shaw und H. G. Wells für seine spätere berufliche Entwicklung bedeutender gewesen seien *als all die späteren Psychologen*[432].

Neill und Ena hatten sich offenbar dafür entschieden, ein Kind zu bekommen, denn im Dezember schrieb Neill an

George Bernard Shaw

Herbert George Wells

Reich: *Ena, meine Frau, scheint nicht schwanger zu werden. Ich möchte, daß sie bald zu einem Facharzt geht. Sie mag keine Ärzte, aber... Wir beide sind zusammen sehr glücklich und erleben in der Liebe die höchste Erfüllung.*[433]

Schließlich jedoch wurde Ena schwanger, und Neill berichtete Reich stolz von dieser Tatsache.[434] Später schrieb er: *Ena nimmt wegen des Kindes stark zu. Australien hat mir angeboten, die Kosten zu übernehmen, wenn ich zu einer Konferenz dort im Oktober käme; aber ich habe abgelehnt, denn ich kann nicht fort sein, wenn sie das Kind bekommt.*[435]

Tatsächlich ging Neill bis zur Geburt seiner Tochter Zoë im Oktober 1946 nicht mehr auf große Reisen. Danach jedoch, im April 1947, unternahm er zusammen mit Ena und dem Baby eine ausgedehnte Skandinavien-Reise. *Eine echte Propaganda-Reise. Ich brauche Schüler, die uns aus unseren Geldsorgen heraushelfen sollen*[436], schrieb Neill an Wilhelm Reich. Der Vortrag, den er in Stockholm halten sollte, war so gut besucht, daß der Saal sich als viel zu klein erwies. Mit Einwilligung des örtlichen Pastors zog die Versammlung in die gegenüberliegende Kirche um. *Es war ein seltsames Gefühl, auf einer Kanzel zu stehen, mit einer großen Bibel vor mir auf dem Pult.*[437]

Freundschaft mit Wilhelm Reich

Eine weitere Reise unternahm Neill 1947 allein. Er fuhr mit dem Schiff nach Nordamerika, um einige Vorträge zu halten und seinen Freund Wilhelm Reich zu besuchen, nachdem dessen Frau Ilse vorher einige Zeit in Summerhill verbracht hatte.[438] Das amerikanische Interesse an Neills Ideen war aber gering, und die Reise mußte aus publizistischer Perspektive als Mißerfolg bewertet werden.[439] Die erneute Zusammenkunft mit Wilhelm Reich jedoch – die beiden hatten sich das letzte Mal 1939 in Norwegen gesehen – war für ihre Freundschaft sehr bedeutend. Sie saßen lange Abende ins Gespräch vertieft und konsumierten dabei Whisky[440] und Zigaretten.

Während seines Aufenthaltes auf Orgonon, wie Reich seinen Landsitz in Maine genannt hatte, begann Neill an einem weiteren Buch zu schreiben. *The Problem Family* sollte eine Zusammenfassung der vorhergehenden Bücher *The Problem Child* und *The Problem Parent* werden, wurde jedoch, nicht zuletzt durch die Gespräche mit Reich, ein neues Buch, in das viele Ideen Reichs, die Neill – wie er Reich gegenüber selbst zugab – nicht recht durchschaut hatte, mit einflossen.[441] Die Beziehung zwischen den beiden hatte sich zu einer kameradschaftlichen Freundschaft entwickelt, die durch gegenseitige Kritik, vor allem aber hohe Anerkennung geprägt war. In ihrem umfangreichen Briefwechsel gibt es lange Passagen, in denen Neill sein Befremden über die Forschungen Reichs und ihre Ergebnisse ausdrückt. Er fügt aber immer wieder an, daß er in wissenschaftlichen Dingen sehr unwissend sei und an Reich als Person glaube und infolgedessen trotz seines Unverständnisses davon überzeugt sein müsse, daß Reichs Forschungen große Bedeutung hätten. *Ich glaube, ich finde Deine Bücher deshalb schwer lesbar, weil ich schon 63 bin und zu viele Repressionen hinter mit habe. Du schreibst für eine neue Generation. […] Aber mit meiner Arbeit scheine ich doch auf Deiner Linie zu liegen, was heißt, daß ich zwar als Theoretiker eine Null, als Praktiker aber ziemlich bedeutend bin.*[442]

Neill benutzte in Summerhill einen von Reich konstruierten «Orgon-Akkumulator»[443], eine mit Blech ausgeschlagene Kiste, in die man sich unbekleidet setzen sollte, um – wie Reich versuchte experimentell nach-

Neill und Wilhelm Reich während Neills zweiter USA-Reise 1948

zuweisen – durch bioelektrische Kräfte positive Einwirkungen auf den Organismus zu erfahren.[444] Einzelne Lehrer und Schüler nahmen «Sitzungen» in dem kühlschrankgroßen Blechkasten vor.[445] Reich hatte sich bei Albert Einstein um eine öffentliche Anerkennung des Orgonakkumulators und der damit verbundenen Theorie bemüht. Dieser jedoch interessierte sich lediglich für ein Detailproblem und brach nach einiger Zeit die Verbindung mit Reich ab.[446] Neill riet Reich, mit dieser Affäre nicht an die Öffentlichkeit zu gehen: *Zurück zu Einstein… Ich meine, es wäre ein Fehler, überhaupt etwas davon zu veröffentlichen. Du willst doch nicht die Leute zwingen, Partei zu ergreifen. Einstein gegen Reich. Aber Du mußt die Tatsache ertragen, daß E. von Dir und Deinem Werk nichts hält.*[447]

Neill stellte auch Bemühungen an, Reich in England bekannt zu machen. Sie waren jedoch nicht sehr erfolgreich.[448] Das mag zum Teil daran gelegen haben, daß Reich selbst diesen Anstrengungen gegenüber eine sehr zwiespältige Einstellung hatte. Zwar ließ er Neill stets durch seine Mitarbeiter Materialien zukommen, kritisierte dann aber, daß Neill dieses Material weiter verschickte. *Du bemängelst meine Versuche, dich hier bekannt zu machen; aber was sollte ich tun, wenn Wolfe mir laufend Zeit-*

schriften und Bücher schickt? Sie verkaufen? Habe ich versucht, aber kein Buchhändler hat sie genommen.[449]

Unter anderem hatte Neill an den Schriftsteller H. G. Wells drei Zeitschriften geschickt. Ein Briefwechsel über Reich entspann sich, an dessen Ende Neill und Wells sich gegenseitig beschimpften. Abschließender Höhepunkt war ein Schreiben von Wells an Neill: «Lieber Neill, Nein, ich will Ihre Marken nicht, aber diese Geschichte ist Scharlatanerie. Sie nennen mich einen Blimp, ich Sie einen naiven Dussel. Leben Sie wohl, H. G. Wells»[450]. Colonel Blimp war eine von dem Zeichner Sir David Low erfundene Karikatur des extremen Reaktionärs. Neill benutzte sie häufig, um seine Argumentation zu pointieren.[451]

In diesen Jahren hatte Summerhill immer stärkere finanzielle Schwierigkeiten. Neill berichtete Wilhelm Reich davon: *Ich habe Außenstände in Höhe von Tausenden von Pfund verloren und konnte nicht wegen eines einzigen Falles vor Gericht gehen; denn die Rechtsanwälte hätten einfach Passagen aus meinen Büchern (freilich aus dem Zusammenhang gerissen) vorgelesen und damit jeden Richter und Geschworenen davon überzeugt, daß ich eine unmoralische Schule habe; solcherart Publizität aber würde meine Arbeit vernichten. ABER, Reich, diesem negativen Aspekt steht die Tatsache entgegen, daß meine Bücher auf japanisch und skandinavisch erscheinen.*[452] Die Popularität in Skandinavien führte zu einer Situation, die die finanziellen Sorgen hätte bereinigen können. *Neulich schrieb ich dem Erziehungsministerium, daß ein dänischer Vater mir zwanzig bis fünfzig skandinavische Schüler schicken wollte und daß die Eltern dieser Schüler kostenlos vorfabrizierte Häuser für deren Unterkunft hertransportieren lassen würden.*[453] Das Ministerium lehnte diesen Vorschlag ohne Begründung ab. Neill war darüber sehr verärgert.

Den Vorwurf, eine «unmoralische Schule» zu betreiben, bekam Neill jedoch nicht allein von den Lesern seiner Bücher zu hören. Es gehörte zu den Grundmaximen seiner Pädagogik, Kindern und Jugendlichen ein freies Ausleben ihrer Sexualität zu ermöglichen. Daß es dabei nie zu Schwangerschaften gekommen sei, schrieb Neill später[454], beruhe auf der Verantwortlichkeit, die die Jugendlichen der Schule gegenüber empfänden. Tatsächlich ist jedoch im Briefwechsel mit Wilhelm Reich an mehreren Stellen die Rede davon, daß Mädchen schwanger geworden seien.[455] In einzelnen Fällen mag dies – wenn es sich um einen Vorwurf von seiten zahlungsunwilliger Eltern handelte – nicht immer den Tatsachen entsprochen haben. Aber es ist bemerkenswert, mit welcher Sicherheit Neill später behauptete, es sei nie zu Schwangerschaften gekommen. Gleichwohl liegt die Vermutung nahe, daß es an der – in den Augen der Öffentlichkeit – «unmoralischen» Schule, die ihren Schülerinnen und Schülern ein freies Sexualleben zugestand, zu nicht mehr Schwangerschaften kam als an anderen koedukativen Internatsschulen auch.

Auf die nächste Fahrt in die USA nahm Neill Ena und Zoë mit. Diese

Zoë auf der Titelseite der «Picture Post»

Reise fand im August 1948 statt. Zu Schulbeginn im September reisten Ena und Zoë wieder zurück, während Neill noch bis Anfang November in den USA blieb, um Vorträge zu halten und an Seminaren teilzunehmen.[456] Für das «New York Times Magazine» verfaßte er noch in den USA einen Artikel mit dem Titel *Love-Discipline, Yes – Hate-Discipline, No*, der Anfang November erschien. Darin schreibt er: *Ich habe den starken Verdacht, daß die wohlgemeinte Disziplin in amerikanischen Familien und Schulen die gleichen neurotischen Produkte erzeugt wie die harsche Disziplin einer schlechten britischen Internatsschule.*[457]

1949 fand in Summerhill eine Schulinspektion statt, die schon Monate vorher für Aufregung gesorgt hatte. Bereits in *The Problem Family* hatte Neill die Schulinspektion unter der Kapitelüberschrift *Angst vor der Zukunft* behandelt.[458] Die staatlichen Schulinspektoren sollten sowohl die baulichen Gegebenheiten der Schule überprüfen als auch die pädagogische Arbeit bewerten. Insbesondere hiervor hatte Neill große Angst. Seit Neill im Januar von der bevorstehenden Inspektion wußte, erwähnte er sie in jedem Brief, den er bis Juni an Wilhelm Reich schrieb.[459] Am 13. Juni fand die Inspektion schließlich statt. *[...] unsere Inspektion ist vorbei. Zwei ältliche Herren sind zwei Tage lang hier gewesen. Beide sehr freundlich, aber offensichtlich ratlos, was denn zu inspizieren sei. Wie erwartet übergingen sie die große Frage von Charakter, Ausgeglichenheit, Aufrichtigkeit usw. und konzentrierten sich auf Französisch, Mathe usw.*[460] Das Ergebnis der Untersuchung wurde erst einige Monate später offiziell veröffentlicht, und Summerhill schnitt dabei nicht schlecht ab.[461] Neill dokumentierte den Text selbst im Anhang seines übernächsten Buches *The Free Child*.[462]

Neills Angst vor derartigen Ereignissen war vermutlich von Wilhelm Reich erneut geweckt worden, der in den letzten Jahren seines Lebens einen ausgeprägten Verfolgungswahn entwickelte. Die eigentlichen Ursprünge der Angst Neills lagen jedoch in den Erfahrungen aus seiner Kindheit, in der Erinnerung an die Furcht des Vaters, dessen Einkommen von der Einschätzung der Schulinspektoren abgehangen hatte. In den Büchern und Briefen Neills werden die Inspektionen auffällig häufig hervorgehoben und von ihm stets mit ausgeprägten Zukunftsängsten verbunden.

1949 erschien schließlich *The Problem Family*. Neben den – wie Neill selbst zugab[463] – inkompetenten Reich-Interpretationen enthielt dieses Buch wieder vermehrt Hinweise auf Homer Lane und seine Erziehungspraxis aus dem Jahr 1917 im «Little Commonwealth»[464]. Neill macht sich und den Lesern des Buches an mehreren Stellen bewußt, daß er eigentlich kein Theoretiker ist: *Ich bin kein Denker, kein Philosoph; ich verrichte harte Arbeit mit Kindern und tue meistens das Richtige, ohne groß darüber nachzudenken, warum ich es tue, ich arbeite aus Intuition… was immer das bedeuten mag.*[465] Dies ist eine Erkenntnis, die in Neills Briefen an Reich in jenen Jahren auch immer deutlicher wird.[466]

Die nervliche Anspannung in Zusammenhang mit der Schulinspektion und die Sorge um die finanzielle Situation verursachten bei Neill und Ena einen gesundheitlichen Zusammenbruch.[467] Wilhelm Reich bot ihnen an, die Schule doch in die USA zu verlegen, um sie seinem Forschungszentrum «Orgonon» anzugliedern.[468] Neill lehnte dankend ab und sprach Jahre später über seine Beweggründe in einer deutschen Wochenzeitung: *Als Wilhelm Reich mir nach dem zweiten Weltkrieg vorschlug, mit meiner Schule nach Amerika zu kommen, sagte ich: «Nein, Reich. Einmal habe ich meine Schule schon im Ausland gehabt, und ich werde das nie noch einmal machen.»*[469]

Ähnliche Angebote hatte Neill zur gleichen Zeit aus Dänemark[470] und Australien[471] bekommen. Er schlug sie allesamt aus.

Bereits 1950 wollte Neill erneut zu Wilhelm Reich in die USA reisen und suchte beim amerikanischen Konsulat in London um ein Visum nach. Dieses Visum wurde ihm ohne Nennung eines Grundes verweigert. Verbittert schrieb er an Reich: *unsere Enttäuschung [ist] gewaltig*[472].

Erst im Laufe der Zeit und nach wiederholter Nachfrage stellte sich heraus, daß es Neills mit dem Sozialismus sympathisierende Haltung war, die zur Verweigerung eines Visums geführt hatte. Tatsächlich hatte Neill bereits 1917 in seinem zweiten Buch *A Dominie Dismissed* geschrieben: *Ich, ein Sozialist […].*[473] Die amerikanischen Behörden bezogen sich aber vermutlich auf die weniger weit zurückliegenden Veröffentlichungen Neills, in denen er häufig seine Sympathie für die russische Oktoberrevolution und sozialistische Erziehungsexperimente kundtat.[474] *(Persönlich hätte ich gern den Sozialismus, und ich fürchte gleichzeitig seine Anwendung durch Männer und Frauen, die Anti-Sex sind.)*[475] Diese Position war nicht frei von romantisierenden Idealvorstellungen: *In den Jahren nach der Oktoberrevolution war die russische Erziehung frei; Kinder konnten selber wählen, ob sie spielen oder lernen wollten; sie hatten Selbstverwaltung in ihren Schulen.*[476] Ebensohäufig jedoch hatte Neill die Erziehungswirklichkeit der UdSSR angegriffen[477], und er intensivierte in den folgenden Jahren seine Kritik an der Erziehung in der Sowjetunion[478], was er auch jeweils stolz an Reich weitermeldete.[479] In seinem nächsten Buch relativierte er seine Position in einem Sonderkapitel zur kommunistischen Erziehung.[480] 1937 hatte auch die UdSSR Neill das Visum versagt. *Ich bin vielleicht der einzige Mann, dem sowohl von Amerika wie von Rußland ein Visum verweigert wurde.*[481]

Der Briefwechsel mit Reich bildete zunehmend eine Auseinandersetzung zwischen den beiden Freunden über die Rechtfertigung der behördlichen Beweggründe für das Einreiseverbot. Neill schrieb auf ihrem Höhepunkt an Reich: *in letzter Zeit bist Du mir fast ganz so vorgekommen wie jene Amerikaner, die auf Hexenjagd gehen […].*[482]

In finanzieller Hinsicht war das Nichtzustandekommen der Reise eher positiv zu bewerten. Aus Mangel an Interesse war es nicht zu Vortrags-Vereinbarungen mit amerikanischen Veranstaltern gekommen[483], und die Reise hätte – anders als die ersten beiden USA-Reisen Neills, die sich noch durch die Einkünfte aus Vorträgen und Seminaren selbst getragen hatten – hohe Kosten verursacht, die die Schule stark belastet hätten.

Neill hatte in den letzten Jahren immer mehr Geld aus seinen privaten Rücklagen in die Schule gesteckt, wenn sie sich nicht selber tragen konnte, weil einzelne Eltern die Gebühren für ihre Kinder nicht zahlen wollten. 1950 schließlich gründeten die Eltern ein Komitee, das die Finanzen der Schule verwaltete. Dieses Komitee sorgte dafür, daß alle pünktlich die Gebühren bezahlten, und allein dadurch konnte sich Summerhill finanziell halten.[484]

In den frühen fünfziger Jahren begann Neill erneut, an seiner Autobiographie zu arbeiten. Angeregt wurde er dazu von seinem japanischen Übersetzer, Seishi Shimoda, der den Text gern übersetzen und veröffentlichen wollte. Neill hatte bereits in seinem letzten Buch *The Problem Parent* in einem Kapitel mit dem Titel *Persönlich gesprochen*[485] einiges zur Beziehung zwischen seiner Pädagogik und seinem Leben geschrieben,

Neill mit Zoë 1950

und in der Einleitung zu dem im Entstehen begriffenen *The Free Child* setzte er dies fort. An Shimoda schrieb er: *Ich bot Ihnen an, das MS meiner Autobiographie zu schicken, im Bewußtsein, daß ich es hatte; aber erst nach langer Suche fand ich es mit vielen fehlenden Seiten. Es lag seit 1939 und ist während des Umzugs, als der Krieg ausbrach, durcheinandergeraten.*[486]

Neill arbeitete erneut an dem alten Text und aktualisierte ihn. Versuche, die Autobiographie bei englischen Verlegern unterzubringen, scheiterten.[487] Neills Einstellung Autobiographien gegenüber war höchst zwiespältig. Einerseits sah er nicht ein, wie Kenntnisse über den persönlichen Lebenswandel bedeutender Schriftsteller oder Musiker die Bewertung ihrer Werke beeinflussen sollten; andererseits kritisierte er seinen Literaturprofessor während des Studiums in Edinburgh, der Literaturstile behandelte, ohne die Lebensverhältnisse der Autoren zu berücksichtigen. *Das einzige Gute, was eine Lebensbeschreibung vermag, ist zu erklären, oder doch der Versuch zu erklären, was einen Menschen bewog, den Weg zu wählen, den er einschlug; allerdings weiß ich nicht recht, wie weit dies anderen wirklich hilft.*[488] Das Manuskript seiner eigenen Autobiographie, das Neill nach Japan schickte, sollte Shimoda behalten: *wenn England von einem Atomkrieg ausgelöscht wird, soll eine Aufzeichnung im Fernen Osten übrigbleiben, so daß künftige Erzieher etwas über den Hintergrund von Summerhill lesen können. Das klingt sehr pessimistisch, aber die Weltsituation ist heutzutage so schwarz.*[489] Diese pessimistische Haltung sollte Neills persönliche Briefe in den fünfziger und frühen sechziger Jahren überwiegend bestimmen. Stets war es seine größte Sorge, daß eine der beiden Großmächte, USA oder Sowjetunion, umgehend den dritten Weltkrieg auslösen könnte.[490]

1953 erschien *The Free Child*. Neill hatte während eines Urlaubs mit Ena und Zoë in Norwegen angefangen, daran zu schreiben. Er bekannte gleich in den ersten Zeilen: *Ich habe wenig Neues zu sagen*[491] und beschrieb in der Folge das freie Aufwachsen von Zoë, die bei Fertigstellung des Manuskripts im Dezember 1952 sechs Jahre alt war. Neills These bestand in der Behauptung, daß ein selbstreguliert aufwachsendes Kind (den Begriff hatte er von Reich) keine Neurosen entwickeln würde. *Selbstregulierung ist die Antwort, Reichs Antwort auf die fesselnde Frage, die aus Freuds Entdeckungen erwächst.*[492] Bereits Kleinkinder sollten ihre Bedürfnisse selber regeln, und es wäre falsch, wenn die Eltern ihnen ihren Willen aufzwängen. Statt dessen sollten sich die Eltern an den Bedürfnissen ihrer Kinder in bezug auf Nahrung, Schlafenszeiten und sogar Kleidung orientieren (letzteres ließ sich bei Zoë nicht verwirklichen, die selbst in der kalten Jahreszeit am liebsten unbekleidet über das Schulgelände gekrabbelt wäre).

Die Analyse Erwachsener und die dabei stattfindende Aufarbeitung kindlicher Neurosen sei bei den nach diesen Grundsätzen aufgezogenen Kindern wie Reichs Sohn Peter und Neills Tochter Zoë später nicht erforderlich. Allenfalls Zoë habe – so fügte er scherzhaft an – später sicher das Bedürfnis, ihren Vaterkomplex zu bearbeiten, der auf Neills Unart, sie in seinen Büchern zu präsentieren, zurückginge. Tatsächlich ließ Zoë sich später bei einem Schüler Reichs, Ola Raknes, in Oslo analysieren.[493]

1955 fand eine Erziehungskonferenz in Weilburg an der Lahn statt. Organisiert wurde sie vom dort ansässigen Pädagogischen Institut. Neill traf einen wichtigen Vertreter der europäischen Reformpädagogik, Adolphe Ferrière. Sie hatten sich seit der Calais-Konferenz 1921 nicht mehr gesehen.[494] Der Sohn von Adolphe Ferrière, Claude, hatte Ende der dreißiger Jahre in Summerhill gearbeitet und schwärmte später gegenüber Paul Geheeb, mit dem die Ferrières engen Kontakt hielten, von Neills Pädagogik. «Es bewegt mich tief und beglückend, einen so von Grund auf idealistischen Jüngling zu sehen, wie er auf diesem einseitigen Standpunkt in voller Hingabe und mit unerschütterlichem Enthusiasmus die absolute Lösung aller Schwierigkeiten in der unbeschränkt freien Entwicklung jedes Individuums erblickt»[495], schrieb Geheeb über Claude an dessen Vater.

Neill hatte bereits vor der Tagung in Weilburg befürchtet, daß es eine *recht formelle Konferenz* werde, *denn Pädagogen können nicht lachen*[496]. Nach der Tagung schrieb er an Reich: *die Konferenz in Weilburg war wie erwartet: Fast völlig losgelöst von der Realität. Als ich das Sex-Thema anschnitt, bekam ich fast gar kein Echo. Ich habe ihnen gesagt, daß sie viel zu kopflastig und mystizistisch sind. Soweit ich feststellen konnte, sind die deutschen Pädagogen noch immer dort, wo sie 1921 waren: wollen den Charakter bilden, indem sie selbst ein Beispiel geben. Aber ich habe wenigstens ordentliches Helles getrunken, mein Lieblingsgetränk, und Unmengen meiner geliebten Leberwurst gegessen.*[497]

Die Freundschaft zwischen Neill und Reich wurde 1956 erneut auf eine harte Probe gestellt, als Neill während einer Vortragsreise in Norwegen erfuhr, daß Reich ihn einem norwegischen Freund gegenüber als unzuverlässig bezeichnet hatte. Reich, der sich in dieser Zeit mit den amerikanischen Gesundheitsbehörden auseinandersetzte, hatte einen Verfolgungswahn entwickelt, der ihn hinter kritischen Stimmen schnell Spione unbestimmter feindlicher Mächte ahnen ließ.[498] Neill schrieb sofort aus Norwegen an Reich: *Mein lieber Reich, nun ist also unsere lange Freundschaft am Ende, weil Du mich als unzuverlässig betrachtest [...]. Welch eine tieftraurige Sache. Und noch gerade zu einem Zeitpunkt, wo Du jeden Freund dringend brauchst.*[499]

Es gelang den Freunden, die Probleme auszuräumen; viele Briefe tauschten sie aber nicht mehr aus. Reich wurde, nachdem er einer früheren Gerichtsentscheidung nicht Folge geleistet hatte (er hätte alle seine Bücher und Apparaturen vernichten sollen), im Mai 1956 wegen Mißachtung des Gerichts zu zwei Jahren Gefängnis verurteilt. Er starb am 3. November des gleichen Jahres in seiner Zelle an Herzversagen.[500]

Neill hatte noch neben Sir Herbert Read, Professor Vivian da Sola Pinta, Paul Ritter und Robert Furneaux Jordan ein Protestschreiben gegen die drohende Verbrennung von Reichs Büchern sowie gegen das Urteil selbst unterzeichnet. Die englischen Zeitungen hatten jedoch die Veröffentlichung des Schreibens abgelehnt.[501]

Sein Tod berührte mich noch schmerzlicher als Homer Lanes Tod[502], schrieb Neill Jahre später in seiner Autobiographie.

Die finanzielle Situation Summerhills rückte schnell andere Sorgen in den Mittelpunkt von Neills Gedanken. Eine erneute ökonomische Krise führte 1957 zur Gründung der «Summerhill Society», einer Elterninitiative, die sich an das bereits bestehende Finanzverwaltungskomitee angliederte.[503] Es waren gerade noch 45 Kinder, die in Summerhill lebten, und um den Anforderungen des Erziehungsministeriums zu genügen, mußte Neill sieben Lehrer beschäftigen.[504] Diese Situation drohte den finanziellen Kollaps von Summerhill heraufzubeschwören.

Unerwarteter Ruhm

Der amerikanische Schriftsteller Henry Miller hatte Neill im Juli 1958 einen Brief geschrieben, in dem er fragte, ob Neill in den USA eine Schule wisse, die nach den Prinzipien Summerhills arbeitete, so daß er seine dreizehnjährige Tochter dorthin schicken könne. Weiter gab er seiner tiefen Bewunderung über Neills Arbeit Ausdruck und berichtete, daß er etwa fünf Bücher Neills mit Begeisterung gelesen habe.[505]

Es schloß sich ein Briefwechsel an, in dem die beiden Männer sich ihre gegenseitige Hochachtung bestätigten und Sympathie füreinander entdeckten. Im Herbst 1961 trafen sie sich in London. Später spendete Henry Miller Summerhill zweimal in Folge einen Betrag von 500 $. *Nun, was sagt einer, wenn ihm ein anderer 500 Bucks schickt? Da gibt es keine passenden Worte dafür. Danke schön […].*[506]

Solche Spendengelder hatte Summerhill in jenen Jahren bitter nötig. Als die Schule finanziell an ihrem Tiefpunkt angelangt war, schrieb Neill an John Aitkenhead: *Ich bin es so müde, all die Schwindler und Gangster zu betrachten, wie sie ihren Haß ausleben, aber damit es sich bezahlt macht, muß ich jedes verdammte Kind, daß mir angeboten wird, aufnehmen.*[507] Die Vielzahl an neuen Problemkindern führte für Neill und Ena zu einem weite-

Henry Miller

ren Problem: Zoë nahm unter dem Einfluß der anderen Kinder neurotische Charakterzüge an, die ihre Eltern durch ihre Erziehung eigentlich ausschließen wollten. An Seishi Shimoda schrieb Neill im März 1959: *Wir schicken Zoë für ein Jahr an eine Schule in der Schweiz. Es ist zu schwierig für sie hier als meine Tochter [...].*[508] Bereits einige Zeit vorher war Zoë im Internatsbereich Summerhills untergebracht worden, damit sie keine zu bevorzugte Rolle im Schulleben einnehmen sollte. Die Entscheidung, sie nun an Paul Geheebs Ecole d'Humanité in Goldern im Berner Oberland zu schicken, war die Folge der sich immer weiter auftürmenden Probleme, die aus der Sonderrolle Zoës erwuchsen.

Die Eltern waren sich nicht recht einig, ob sie Zoë wegschicken sollten. Ena war sehr dafür, während Neill sie gern weiter in Summerhill behalten hätte.[509]

Neill kannte Paul Geheebs Erziehungsideen schon seit den zwanziger Jahren, als dieser noch die Odenwaldschule geleitet hatte. 1906 hatte Geheeb zusammen mit Gustav Wyneken die Freie Schulgemeinde Wickersdorf gegründet, nachdem sich beide von Hermann Lietz in Haubinda getrennt hatten.[510] Nach dem Scheitern der Zusammenarbeit mit Wyneken gründete Paul Geheeb zusammen mit seiner Frau Edith Geheeb-Cassirer 1910 die Odenwaldschule; 1934 flohen die Geheebs – Paul Geheeb war damals dreiundsechzig Jahre alt – vor dem Nationalsozialismus in die Schweiz, wo sie an unterschiedlichen Orten Schulen betrieben, bis sie sich 1946 in Goldern niederließen.[511]

Als Zoë Neill 1959 nach Goldern kam, war Paul Geheeb also fast neunzig Jahre alt (er starb zwei Jahre später). Zoë erinnert sich an ihn als einen liebenswerten Greis, seine Frau Edith hingegen «war eine Hexe», wie sich Zoë im Gespräch mir gegenüber später ausdrückte.

Die Ecole d'Humanité unterschied sich grundlegend von Summerhill, und es ist nicht recht nachvollziehbar, warum Neill seine Tochter ausgerechnet an eine Schule schickte, die es sich zum Ziel gesetzt hatte, Ideale zu vermitteln. Zwar gab es eine Schulgemeinde (über Hermann Harless, einen Lehrer an Geheebs Odenwaldschule, der später neben Neill in Hellerau arbeitete, hatte Neill 1921 den Begriff kennengelernt und in England eingeführt[512]), und die Schule war koedukativ, aber es gab ein festes Regelwerk, an dem die Schulgemeinde nicht rütteln konnte. So war es den Schülerinnen und Schülern unter vierzehn Jahren nicht erlaubt, am gemeinsamen Tanz teilzunehmen, eine Tatsache, die Zoë außerordentlich erboste.[513] Weitere Elemente des Schullebens, die die Schule für Zoë als krassen Gegensatz zu Summerhill erscheinen lassen mußten, waren die obligatorische Teilnahme an «Singgemeinden»[514] sowie die sozialen Aufgaben, die von den Kindern erledigt werden mußten.[515] Es fanden «Andachten» statt, in denen klassische Texte verlesen wurden[516] (beispielsweise wurde beim Essen ein Dichtersatz gelesen und schweigend darüber nachgedacht[517]), und das den Unterricht bestimmende Kurssystem machte eine Auswahl von Kursen erforderlich, statt es – wie in Summerhill – den Kindern zu ermöglichen, den Kursen fernzubleiben.[518]

Ena brachte Zoë im April 1959 in die Schweiz. Sobald ihre Mutter abgereist war, hatte Zoë schreckliches Heimweh und schrieb verzweifelte Briefe an Neill. Der Vater schrieb daraufhin an Edith Geheeb: *Ich erbleiche, daß ich einmal geschrieben habe, daß ein Kind dann Heimweh hat, wenn es aus einem schlechten Elternhaus kommt. Zoës Briefe brechen mir das Herz, und ich hoffe auf den Tag, an dem sie schreibt, daß sie bei Ihnen glücklich ist.*[519] Tatsächlich hatte Neill mehr als einmal über Kinder mit Heimweh geschrieben. *Wenn Heimweh aufkommt, ist das Zuhause immer unglücklich.*[520] Auch später sollte Neill dieses Postulat bedenkenlos weiter verwenden.[521]

Zoës Briefe nahmen im Laufe dieses ersten Semesters einen ausgeglicheneren Charakter an, wenngleich sie die Schule nach wie vor nicht leiden konnte.[522]

In den ersten Ferien sagte sie zu mir: «Daddy, du bist ein Schwindler. Du gibst anderen Kindern Freiheit, nur nicht deiner eigenen Tochter. Ich hasse diese Schule; die Freiheit dort ist eine Scheinfreiheit, und es gibt da auch keine richtige Selbstverwaltung.» Ich sah mir die Schule an und holte Zoë nach Hause.[523] Der Beginn des zweiten Semesters hatte noch schlimmeres Heimweh gebracht, obwohl Zoë diesmal von einer Freundin aus Summerhill begleitet wurde. Am 16. September kam Neill nach Goldern – eigentlich, um Zoë zu beruhigen. Sie überredete ihn jedoch, sie wieder mit nach Summerhill zu nehmen.[524] *Meine Frau sagt mir, daß Zoë mich um ihren kleinen Finger wickeln kann*[525], hatte Neill bereits in *The Free Child* geschrieben.

Im März 1959 mußte Summerhill, das gerade noch 44 Schülerinnen und Schüler hatte, eine weitere Schulinspektion über sich ergehen lassen. Der Inspektionsbericht war erneut – zu Neills Verwunderung – fair, aber desillusionierend. Die spartanischen Verhältnisse wurden beklagt und der niedrige Bildungsstand der Kinder. Viele Eltern schickten ihre Kinder nun auf weiterführende Schulen, so daß schließlich im Herbst 1960 24 Kinder übrigblieben.[526] Enttäuscht schrieb Neill an John Aitkenhead, den Leiter der Kilquhanity House School: *Ich begann mit fünf Kindern 1924 in England, und es sieht aus, als ob ich mit fünf aufhören würde. Die Gründe? Verschiedene, nehme ich an. Einige zaudern aufgrund meines Alters... was, wenn ich sterbe und das Kind gerade mal zwei Jahre hier war? Einige sagen das. Auch – und das ist wichtiger – schreiben mir Eltern, die sagen, daß sie, wenn ich den Unterricht für vormittags verpflichtend einführe, ihre Bälger schicken werden. Ich kann da keine Kompromisse machen, das würde die ganze Basis ruinieren.*[527]

Von diesen Sorgen sollte Neill die Herausgabe eines Buches befreien. Bereits im April 1958 hatte der amerikanische Verleger Harold Hart an-

Neill im Garten, um 1960

gefragt, was Neill von der Veröffentlichung eines Bandes hielte, in dem die Grundgedanken Summerhills aus einigen der letzten Bücher Neills zusammengefaßt würden. Neill stimmte dem Vorhaben zu, und im Dezember konnte er die ersten Manuskripte durchsehen.[528]

Hart war es gelungen, aus einigen von Neills neueren Büchern (*The Problem Child*, *The Problem Parent*, *That Dreadful School*, *The Free Child*[529]) die signifikanten Stellen zu extrahieren und in einen logischen Zusammenhang zu bringen. Gleichzeitig hatte er nahezu alle Bezüge zu Wilhelm Reich eliminiert, da Reich in den Vereinigten Staaten nach wie vor höchst unpopulär war. In der amerikanischen Ausgabe erschien der Name Reich gerade an drei Stellen.[530] Der Umstand, daß eine Verbindung zwischen Neill und Reich bestand, führte auch dazu, daß die amerikanische Ethnologin Margaret Mead, die aufgefordert worden war, ein Vorwort zu dem Buch zu schreiben, ablehnte. Neill sei ein Reichianer, und deren Bücher nehme sie nicht in die Hand.[531]

Über das Vorwort ergab sich eine längere Debatte zwischen Neill und Hart. Neills Wunschkandidat hierfür wäre sein Freund Henry Miller gewesen.[532] Hart meinte jedoch, daß eine kontroverse Persönlichkeit wie Miller die Verkaufszahlen niedrig halten würde. *Warum sollen wir nicht überhaupt mit der dummen Tradition brechen, daß ein Buch einen Sponsor braucht?* schlug Neill daraufhin vor, *oder kann ich nicht mein eigener Sponsor sein? Es fiele mir leicht, so zu beginnen: «Es ist ein Elend, für dieses lausige Buch von diesem blöden Kerl Neill ein Vorwort zu schreiben.»*[533]

Schließlich erklärte sich der Psychoanalytiker Erich Fromm bereit, die Aufgabe zu übernehmen. Fromm hob in seinem Vorwort hervor, daß Neill keine Theorie begründe, sondern einen Bericht aus vierzig Jahren Praxis gebe.[534] Darüber hinaus machte er deutlich, daß Neills Begriff der Freiheit nicht die Zügellosigkeit meine, die fälschlich in sie hineininterpretiert werden könne.[535] Fromm übte zugleich Kritik an Neills plumpen Freud-Interpretationen[536], die aus der Zeit stammten, bevor Neill Reich kennenlernte. Ihre Aufnahme in das Buch war auch Anlaß zu kleineren Mißstimmigkeiten zwischen Neill und Hart. Neill hatte Hart bereits frühzeitig aufgefordert: *Nehmen Sie die Passage heraus, weil ich die Methode nicht länger anwende. Viel ist aus meiner Phase der Freudschen Kinder-Analyse, die ich heute nicht mehr betreiben würde.*[537] Harold Hart nahm sich jedoch die Freiheit, die Texte auszuwählen, die ihm geeignet erschienen, und der wirtschaftliche und publizistische Erfolg des Buches sollte Neills Ärger hierüber später stark eindämmen.

Das Buch erschien im November 1960 in den Vereinigten Staaten unter dem Titel *Summerhill: A Radical Approach to Child Rearing*. Harold Hart hatte erhebliche Mittel aufgewendet, um in den USA für das Buch zu werben. Trotzdem war kein Buchhändler bereit gewesen, Vorbestellungen entgegenzunehmen. Innerhalb eines Jahres wurden 24000 Exemplare verkauft, was alle Erwartungen übertraf, und bis 1970 waren es zwei Millionen[538]. In England erschien das Buch erst 1962 und wurde auch dort in hohen Stückzahlen verkauft (bis einschließlich 1969 waren es 200 000 Stück[539]). *Das Buch hat uns gerettet*, schrieb Neill 1964, *wir waren runter auf 23 Schüler und sind nun voll mit einer langen Warteliste, zumeist Amerikaner.*[540] Summerhill erlebte einen regelrechten Ansturm amerikanischer und – nach Erscheinen des Buches in England – auch wieder englischer Kinder. Mit den amerikanischen Kindern hatte Neill häufig Schwierigkeiten, weil die Eltern, bevor sie ihre Kinder zu ihm schickten, meist nicht die Schule besuchen konnten.[541] So konnte eine Vielzahl von Problemkindern nach Summerhill kommen, die Neill gar nicht angenommen hätte, insbesondere nun, da er nicht mehr darauf angewiesen war. Dies führte auch gelegentlich dazu, daß Neill besonders schwierige Kinder von der Schule verweisen mußte.[542] In einigen Fällen versuchte er, die betreffenden Kinder in anderen fortschrittlichen Schulen, wie zum Beispiel der Kilquhanity House School John Aitkenheads, unterzubringen.[543]

Weitere schwierige Folgen der neu gewonnenen Popularität waren die vielen Anfragen besorgter Eltern[544]. *[...] das Schuljahr ist zu Ende, und ich habe Zeit, die Berge von Briefen auf meinem Schreibtisch zu beantworten... jede Menge, zumeist amerikanische Fan-Post. Es kostet mich jedesmal sechs Pence zu antworten... der Titel für eine Kurzgeschichte: Der Schotte, der den Ruhm zurückwies, weil er ihm zu teuer wurde.*[545] Neill war stets bemüht, alle Briefe, die er bekam, zu beantworten – bereits als Kind war er tief enttäuscht gewesen, wenn seine Briefe an bewunderte Autoren unbeantwortet blieben.

Bald nach Erscheinen des Erfolgsbuches wurden in den USA Schulen nach dem Vorbild Summerhills gegründet.[546] Eine «Summerhill-Society USA» wurde 1961 mit dem Ziel ins Leben gerufen, eine solche Schule zu gründen. Harold Hart war einige Zeit der Präsident dieser Organisation, gegen deren Pläne sich Neill von Anfang an wehrte. Ihm war der Gedanke, daß eine von ihm aufgrund der Entfernung schlecht zu kontrollierende Organisation mit seinem «Markenzeichen» operierte, nicht geheuer. Schließlich untersagte er den verantwortlichen Leuten, ihre Schule «Summerhill» zu nennen.[547]

Der Name Summerhill stand über vierzig Jahre für kompromißlosen Glauben an die Freiheit für Kinder. Ich verweigere Männern und Frauen, die ich nie gesehen habe, deren Vorstellungen von Freiheit sich von meinen unterscheiden, diesen Namen zu verwenden.[548]

Neills internationale Popularität sorgte dafür, daß ihn schließlich das Fernsehen entdeckte. Der nahezu Achtzigjährige trat in diversen britischen Fernsehsendungen auf und beantwortete Fragen zu Themen wie Erziehung, Religion[549] und Theater[550]. Der Schauspieler Robert Morley hatte mit ihm eine TV-Aufzeichnung gemacht. Danach schrieb Neill in einem Brief: *Ein netter Kerl, Robert: er sagt, er wird einen TV-Star aus mir machen… in meinem Alter… unmöglich.*[551]

Das frisch erwachte Interesse an seiner Person ermutigte Neill auch, erneut zu versuchen, seine Autobiographie zu veröffentlichen.[552] Aber auch diesmal blieben seine Bemühungen erfolglos.

Erfolglos blieb auch der Versuch eines amerikanischen Magazins, 1963 eine Diskussion zwischen Neill und William Golding, dem Autor des Bestsellers «Lord of the Flies» und späteren Literaturnobelpreisträger (1983), zustande zu bringen. Neill spielte im Nachwort der deutschen Ausgabe von *The Last Man Alive (Die grüne Wolke)* auf Goldings Roman an, als er schrieb: *Ich bin sicher, daß sich diese Gruppe oder irgendeine andere Gruppe freier Kinder auf einer einsamen Insel nie gegenseitig umbringen würde, wie es Jungen von einer «disziplinierten» Schule in einer andern Geschichte getan haben.*[553] William Golding sagte das Treffen kurz vorher ab.[554] Einige Jahre später sollte Neill erneut hervorheben, daß William Goldings Beschreibung einer Gruppe Jugendlicher weit entfernt von der Realität der Summerhill-Kinder sei: *Golding hat die falschen Kinder studiert. Wahrscheinlich hat er nie Kinder erlebt, die ohne Formung von außen waren, die Liebe statt Haß erfuhren, Kinder, die natürliches Mitgefühl haben und tolerant sind.*[555]

Die Feier von Neills achtzigstem Geburtstag im Oktober 1963 wurde zu einem größeren gesellschaftlichen Ereignis. Man mietete eine Halle in London und feierte den «rauhen, aber liebenswerten Schotten», wie ihn die Erziehungsbeilage der «Times» aus Anlaß des Geburtstages genannt hatte. Es sei Neill zu verdanken, wenn Kinder heute in den Schulen glücklicher seien, als es ihre älteren Geschwister einmal waren, stand in einer Würdigung auf der Titelseite der Ausgabe vom 18. Oktober 1963.[556] Zahlreiche ehemalige Schüler, die Summerhill-Society und viele Freunde waren erschienen, um Neills Jubiläum zu feiern, und er hielt eine übermütige Dankesrede. Zu bedanken hatte er sich unter anderem für ein Auto, das ihm zu diesem Anlaß geschenkt wurde.[557] Er sollte dieses Auto die nächsten neun Jahre fahren, bis ihm die Versicherungsgesellschaft wegen seines hohen Alters das Autofahren untersagte.[558]

Noch Anfang der sechziger Jahre hatte Neill an einer Blockade der Zufahrt zu den Stellungen von Polaris-Raketen in Holy Loch in seiner schottischen Heimat teilgenommen. Gegen fünf Uhr morgens wurde er zusammen mit den übrigen Demonstranten festgenommen und mußte die folgenden 24 Stunden in Polizeigewahrsam verbringen.[559] Nach dieser Episode beschloß Neill, nicht wieder an derartigen Aktionen teilzunehmen; er befürwortete den Widerstand, weil er seit den frühen fünfziger Jahren in weltpolitischer Hinsicht einen immer tieferen Pessimismus entwickelt hatte[560], konnte und wollte aber in seinem hohen Alter keine Gefängnisstrafen mehr auf sich nehmen, die unweigerlich Folge einer weiteren Festnahme gewesen wären.[561]

Späte Ehren

Am 10. Mai 1966 gab die Erziehungsbeilage der «Times» bekannt, daß Mr. A. S. Neill schließlich in die Ränge des Establishments aufgenommen werde, wenn ihm am folgenden Tag die Universität Newcastle die Würde des Ehrendoktors verleihe.[562] Dies war die erste von drei Ehrendoktorwürden, die Neill bekam.

Die Feierlichkeiten genoß Neill außerordentlich: *Ich hatte eine großartige Zeit in Newcastle, [...] nur mein Heiligenschein hat mir nicht recht gepaßt.*[563]

Im gleichen Jahr arbeitete Neill an *Talking of Summerhill* (auf deutsch: *Das Prinzip Summerhill. Fragen und Antworten*), dem Nachfolgebuch zu dem von Harold Hart herausgegebenen *Summerhill*-Band. Es erschien 1967 in England. Neill bemühte sich, insbesondere die Aspekte zu behandeln, die seiner Meinung nach in dem Erfolgsbuch *Summerhill* zu kurz gekommen waren. Andere Aspekte, die in dem von Harold Hart zusammengestellten Buch zuviel Gewicht gewonnen hatten, wurden nun auf ein angemessenes Maß reduziert. Methodisch ging er so vor, daß er häufig gestellte Fragen – vornehmlich aus seiner amerikanischen «Fanpost» – beantwortete. Damit wurde das Buch zu einer Art Erziehungsberater, in dem Eltern und Erzieher anhand eines festen Themenkatalogs nachschlagen konnten.

Neills amerikanischer Verleger Harold Hart hatte eine recht willkürliche Auswahl an Texten aus Neills Originalmanuskript getroffen, die er bereits 1966 unter dem Titel *Freedom not License* veröffentlichte. *Ich hatte ihm die vollständigen MS von ‹Talking› geschickt und erwartete, daß er sie auch benutzen würde [...]. Er benutzte, glaube ich, gerade mal 3 %. Traurig, daß die Staaten nicht das bessere Buch bekommen sollen. Ich schäme mich für ‹F not L›, und als Hart mir neulich schrieb, daß er weitere 14000 druckt, fühlte ich mich ziemlich mies*[564], schrieb Neill einem ehemaligen Schüler.

1967 erschien eine Studie Emmanuel Bernsteins über Summerhill-Absolventen.[565] Neill hatte bereits 1965 – als Bernstein seine Befragung bei in London lebenden ehemaligen Schülerinnen und Schülern anstellte – von der Untersuchung erfahren, und er konterte noch vor Erscheinen

Neill an seinem Schreibtisch in Summerhill

des Berichts, daß es sich bei den Problemfällen stets um Kinder aus problematischen Familien gehandelt habe.[566] Dabei war das veröffentlichte Ergebnis recht positiv für Summerhill. Sowohl die Kinder, die nach ihrem Aufenthalt in Summerhill andere Schulen besuchten, als auch die älteren Befragten, die einen Beruf ausübten, hatten überdurchschnittlichen Erfolg und waren bis auf wenige Ausnahmen mit der Erziehung in Summerhill zufrieden.

Bei der Lektüre von Briefen, um 1971

In den letzten zehn Jahren seines Lebens schrieb Neill ungeheuer viel. Zahllose Artikel und Leserbriefe von ihm erschienen in unterschiedlichen Zeitschriften. Außer seiner Autobiographie, deren erste Hälfte längst vorlag, hat er jedoch kein Buch mehr verfaßt.

Die Artikel und Briefe nahmen häufig Stellung zu aktuellen Erziehungsfragen – oft griffen sie in hitzige Debatten über Summerhill ein und sorgten damit zusätzlich für Diskussionsstoff.

Im Mai 1969 beispielsweise griff Neill den Verhaltensforscher B. F. Skinner an. Er zöge aus Versuchen an Tauben und Ratten Rückschlüsse auf die Erziehung von Kindern. *In seiner Antwort auf meine Kritik an seinen Methoden im Observer vom 11.5.69, bei der ich Skinner die Frage gestellt hatte, ob er jemanden kenne, der weise und gütig genug wäre, um den Charakter eines anderen zu formen, hatte er geschrieben: «Gewiß wird der Charakter geformt, und vermutlich von Männern, die weise genug sind, ihn zu formen. Ob sie gütig genug sind, oder ob sie wissen, was sie tun, ist etwas anderes. Die Gefahr liegt darin zu glauben, daß die Charakterbildner nicht benötigt würden...» Aber in Summerhill haben wir den klaren Beweis gebracht, daß sie nicht benötigt werden.*[567] Diese Replik war typisch für Neills Form der Öffentlichkeitsarbeit. Er griff Themen auf, die er anschließend auf seine Arbeit in Summerhill zurückführte. Dies gab ihm die Möglichkeit, die Schule und ihr pädagogisches Konzept ausführlich darzustellen.

Ein Artikel Neills in der Erziehungsbeilage der «Times» mit dem Titel *Learning or Living?* fand besonders reges Interesse und provozierte eine Reihe von Leserbriefen. In dem Artikel beschwerte er sich darüber, daß die pädagogische Diskussion weniger das Kind und seine Bedürfnisse in den Mittelpunkt ihrer Betrachtungen stellte als Lehrergehälter, Schulorganisation, Schulvergleiche und – gelegentlich – Unterrichtsmethoden.[568] In einem Brief an R. F. Mackenzie, den späteren Leiter der Summerhill-Academy im schottischen Aberdeen (die Namensgleichheit der Schulen ist ein Zufall, Mackenzies Pädagogik war allerdings stark mit Neills Denken verknüpft[569]), schlug er im folgenden Jahr vor: *Versuch ein Experiment: Schreib einen Brief an das TES [Times Educational Supplement] über den Unterricht in Arithmetik, und Du wirst unzweifelhaft jede Menge Antwortbriefe bekommen.*[570] Mackenzie hatte einen Artikel verfaßt, in dem er das schottische Erziehungssystem, aber auch die generelle Zielsetzung von Erziehung angegriffen hatte. Er schrieb, daß Erziehung – solange sie sich die Indoktrination gesellschaftlicher Werte zum Ziel nehme – Barrieren zwischen den Generationen aufbaue.[571]

Obgleich die rege Resonanz auf Neills eigene Artikel seine Worte an Mackenzie Lügen strafte, war er der festen Überzeugung, daß das pädagogische Establishment die in seinen Augen wirklich wichtigen Aspekte der Erziehung nicht beachtete. Nichtsdestotrotz ließ das Establishment nicht ab, den Rebellen Neill zu ehren. Noch 1966 hatte Neill anläßlich der Verleihung der Ehrendoktorwürde durch die Universität Newcastle sarkastisch an Gordon Leff (den Bunny aus *Die grüne Wolke*) geschrieben: *ein akademischer Freund sagt mir, daß Universitäten einander wie Schafe folgen und daß ich eine Epidemie von Ehrendoktorwürden zu erwarten habe. Das läßt mich beinahe für einen beschleunigten Nu-*

Neill bei der Verleihung der Ehrendoktorwürde der Universität Exeter, 1968

klearkrieg beten.[572] Am 5. Juli 1968 erschien Neill auf dem Titelblatt der Erziehungsbeilage der «Times». Ein Foto zeigt ihn, wie er seinen zweiten Doktortitel von der Universität Exeter entgegennimmt.[573]

Dieselbe Ausgabe der Zeitung enthielt einen Artikel, in dem mit Erleichterung festgestellt wurde, daß die Schule in Leiston ein weiteres Mal eine Inspektion der Schulbehörde «überlebt» habe. Erneut waren die baulichen Verhältnisse stark kritisiert worden. Was jedoch auch angezweifelt wurde, war die Effektivität der Schulbildung in Summerhill.[574] Ein Presseartikel hatte die bevorstehende Schließung der Schule angekündigt[575], und die Kinder verhielten sich den Inspektoren gegenüber entsprechend feindselig. Die zeitgleiche Verleihung der Ehrendoktorwürde und der Einsatz von prominenten Vertretern des englischen Erziehungswesens retteten möglicherweise die Schule in letzter Minute. In einem Leserbrief in der «Times» war zu lesen: «Können wir es uns – obwohl bereits viele von Neills Ideen mittlerweile von modernen Erziehungswissenschaftlern vertreten werden – leisten, ein so lebendiges Experimentierfeld für Ideen, wie Summerhill es ist, zu schließen?»[576]

Dieser Inspektion war bereits lange im Vorfeld mit Schrecken entgegengesehen worden. *Bis heute kann ich einem Schulrat nicht unbefangen gegenübertreten, obwohl mir klar ist, daß die heutigen Schulräte anders sind und viel weniger Macht haben*[577], sollte Neill in seiner Autobiographie wenige Jahre später schreiben, als er über die Inspektionen an der Schule seines Vaters berichtet. In einem Brief im Dezember 1967 heißt es: *Uns wurde eine genaue Inspektion im nächsten Jahr angekündigt, die unser Schicksal besiegeln kann. Zwischenzeitlich versuchen wir, die Schule auf Vordermann zu bringen. [...] Joan Baez gab letzte Woche in der Albert Hall ein Konzert für Summerhill und sandte einen Scheck über mehr als 1400 £.*[578] Die finanzielle Hilfe ermöglichte allerdings gerade einmal die innerhalb einer Frist von sechs Monaten zu erbringenden dringenden Baumaßnahmen[579]; das eigentliche Problem, das grundsätzliche Mißtrauen der Schulbehörde gegenüber Neills Erziehungsideen, konnte damit nicht gelöst werden.

Eine weitere akademische Ehre, die Neill 1968 angetragen wurde, bewegte ihn stärker als die beiden Ehrendoktorwürden, die er bereits erhalten hatte: die Universität in Edinburgh, an der er selbst bis 1912 studiert hatte, wählte einen neuen Rektor, und als einer der Kandidaten wurde Neill aufgestellt. Traditionell wurden Universitätsfremde in die Position des «Lord Rector» gewählt, und es waren die Studenten, die entschieden, wer den Posten bekommen sollte. *Meine Kandidatur war komisch*, schrieb Neill an Kenneth Allsop, der in dieser Rektorwahl

Neill gegen Ende der sechziger Jahre in Summerhill

Die Schülerinnen und Schüler Summerhills im Jahre 1968 (das Bild wurde als Geburtstagsgeschenk für Neills Frau Ena aufgenommen)

Neills Rivale war und schließlich die Wahl gewann; *ein Student, Bob Cuddihy, schrieb mir und schlug vor, mich aufzustellen. Ich antwortete mit einem Nein, da 95 1/2 [sic; vermutlich: %] der Studenten nie von mir gehört hatten. Er sagte, sie hätten, und ich willigte ein, teilweise, um meine Behauptung bestätigt zu bekommen. Das bekam ich schließlich auch. Es wäre eine Tragödie gewesen, wenn ich gewählt worden wäre. […] Was ein Lord Rector tut, weiß ich einfach nicht. Alles, was ich mir vorstellen kann, ist, daß Sie immer auf der Seite der Jugend sind.*[580] Ein Jahr später lehnte der Senat der Universität Edinburgh Kenneth Allsops Vorschlag, Neill zum Ehrendoktor zu machen, ohne Begründung ab, und Neill bat Allsop, ihn nicht ein weiteres Mal vorzuschlagen.[581]

Im November 1968 löste ein Brief Neills in der Erziehungsbeilage der «Times» eine mehrwöchige Auseinandersetzung aus. In den folgenden Ausgaben wurden jeweils unter der Überschrift «Menschliche Psychologie» verschiedene Briefe abgedruckt, die Stellung nahmen zu Neills Behauptung, in England werde keine psychologische Ausbildung für Studenten angeboten, die sich nicht am Verhalten von Ratten orientiere.

Wohl sei es an den Colleges üblich, Fallstudien mit Kindern durchzuführen, antworteten Professoren. Andere, darunter Collegelehrer, pflichteten Neill jedoch bei, und einer stellte die Frage, warum die Forschungen Jean Piagets in England nicht beachtet würden.[582] Daß Äußerungen Neills ein so starkes Echo fanden, kann als Gradmesser seiner Bekanntheit in jenen Jahren dienen. Trotz oder gerade wegen seines hohen Alters war die Meinung des streitbaren Greises von hoher Bedeutung. Neills publizistischer Eifer sorgte in den späten sechziger Jahren für eine Flut von Artikeln über ihn und Summerhill.

Im Dezember 1968 unternahm Neill im Alter von 85 Jahren seine dritte Reise in die USA. Diesmal hatte er nicht – wie 1950 – Schwierigkeiten, ein Visum zu bekommen. Er hielt Vorträge, machte Besuche in und um New York und – der eigentliche Anlaß der Reise – nahm an einer Johnny-Carson-Fernsehshow des Fernsehsenders NBC teil.[583] Dazu eingeladen hatte ihn Orson Bean, ein amerikanischer Schauspieler, der selbst eine progressive Schule nach dem Vorbild Summerhills in New York gegründet hatte (Fifteenth Street School)[584]; Neill besuchte die Schule während seines Aufenthalts. Bean war Moderator der Show und sagte nach den Aufnahmen über seinen fünfundachtzigjährigen Gesprächspartner: «Er war der beste Gast, den die Tonight-Show jemals gehabt hat.»[585]

Neill versuchte, den Verlag Gollancz zu bewegen, sein 1938 entstandenes Buch *The Last Man Alive (Die grüne Wolke)* erneut zu veröffentlichen. Ein Jahr später erschien es in den Vereinigten Staaten bei Harold Hart und wurde in hohen Stückzahlen verkauft.[586] Die größten Verkaufserfolge wurden jedoch mit der 1971 erscheinenden deutschen Ausgabe erzielt, zu der F. K. Waechter die Illustrationen besorgte. Zu dieser Popularität dürfte auch die Verleihung des «Buxtehuder Bullen», eines Kinder- und Jugendbuchpreises, den der Buxtehuder Buchhändler Winfried Ziemann gestiftet hatte, beigetragen haben. Neill war der erste Preisträger und reagierte, als er von der Preisverleihung erfuhr, etwas irritiert: *Ein Ort hatte eine Zusammenkunft, um dem Schreiber des besten Kinderbuchs den ersten Preis zu geben. Jetzt wird im Januar eine Abordnung von acht mitsamt dem Bürgermeister kommen, um mir einen Miniaturbullen zu überreichen… und mir gelingt es nicht, mir irgend etwas dar-*

Neill und sein deutscher Verleger Heinrich-Maria Ledig-Rowohlt im Jahr der Verleihung des Kinderbuchpreises «Buxtehuder Bulle»

aus zu machen.[587] Als die Delegation, unter deren Teilnehmern auch Neills Verleger in Deutschland, Heinrich-Maria Ledig-Rowohlt, war, ihm den Preis überreichte, war er doch sehr gerührt. «Als wir ihm erzählten, daß die Jury aus Erwachsenen und Jugendlichen bestanden hat, und daß vor allem die Stimmen der Jugendlichen ihn zum Preisträger gemacht haben, strahlte er, begann den ‹Bullen› zwischen den Hörnern zu kraulen und sagte: ‹Wissen Sie, ich habe in meinem langen Leben drei Ehrendoktorhüte verliehen bekommen, und ich gestehe gern, daß alle drei Ehrendoktorhüte mir weniger wert sind als dieser Jugendbuchpreis.›»[588] Den dritten Doktorhut hatte Neill im Juni des gleichen Jahres von der Universität Essex bekommen.

Ehrungen wie diese nahm Neill stets mit verstecktem Spott entgegen. Dennoch wird in seinen Schriften deutlich, daß er die akademischen Würdigungen sehr genoß. Eine Ehre, die Neill versagt blieb, war die Verleihung eines Adelstitels an ihn. Häufig erwähnt er in seinen Schriften spöttisch diese Möglichkeit[589], und dieser Umstand deutet darauf hin, daß er eine solche Ehrung nicht für ausgeschlossen hielt. Resigniert schrieb er am Ende seines Lebens: *Im Alter gibt es nichts, worauf man sich wirklich freuen könnte. Ich kann mir kein verheißungsvolles Ereignis ausdenken, das mich jetzt in Erregung versetzen würde – weder ein Scheck über eine Million Dollar von einem reichen Amerikaner noch das Angebot*

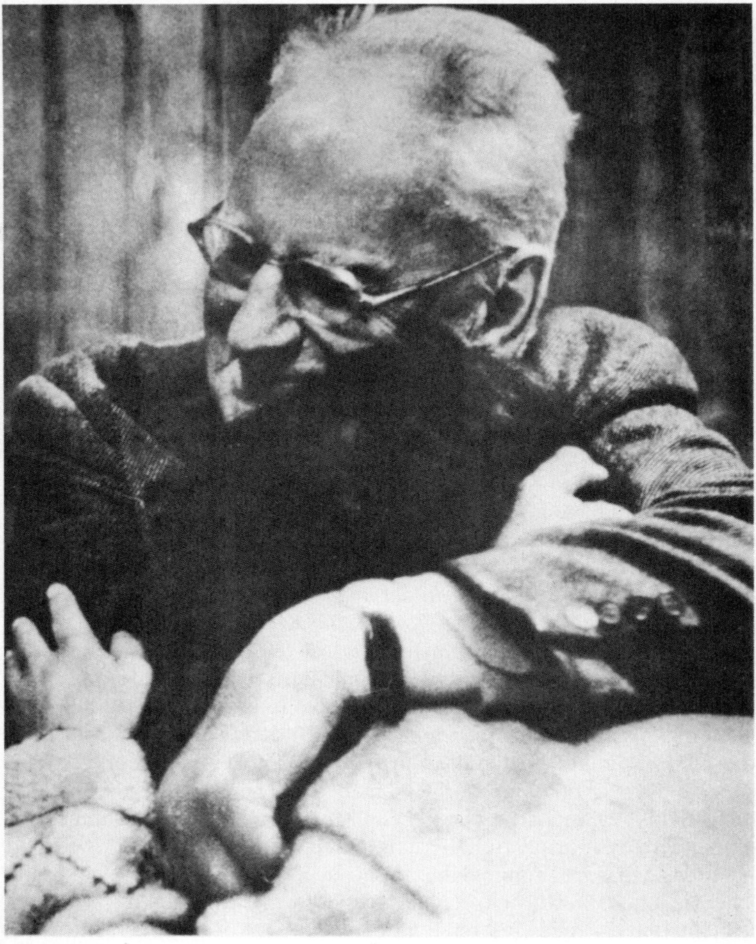

«Du kannst ihnen deine Liebe geben, aber nicht deine Gedanken»
(Kahlil Gibran)

eines Ehrentitels (das ich sowieso nicht annehmen könnte), noch ein weiterer Ehrendoktor von irgendeiner Universität.[590]

Im Mai 1970 kamen in England die Konservativen an die Macht, und Margaret Thatcher wurde Bildungsministerin. *Ich habe gehört, daß Frau Thatcher dafür gestimmt hat, daß weiterhin gehenkt wird*, schrieb Neill im Juli 1970 in einem Brief, *also habe ich Zweifel daran, daß sie ein Neill-Fan ist.*[591] Neill bemühte sich in einem Leserbrief an die Erziehungsbeilage der «Times», eine Lanze für die freien Internatsschulen zu brechen.[592] Enttäuscht schrieb er jedoch im Dezember 1971 an R. F. Mackenzie: *Es sind nicht nur die Lehrer; Streitaxt-Thatcher unterstützt die Lebensfeindlichkeit des Berufs ebenso.*[593] Im gleichen Monat feierte Summerhill das fünfzigste Jubiläum. Neill war es gewohnt, die Gründung der internationalen Schule in Hellerau im Dezember 1921 als Grundsteinlegung Summerhills anzugeben.[594] Seither, so behauptete er bereits 1953, habe sich seine Erziehungspraxis nicht mehr geändert.[595] Als Jubiläumsfeier fand eine Party in London statt, zu der ehemalige Schülerinnen und Schüler eingeladen worden waren.

Die deutschen Übersetzungen von Neills Büchern erreichten inzwischen überraschend hohe Auflagen. Im Dezember 1969 war das von Harold Hart zusammengestellte *Summerhill* unter dem Titel *Theorie und Praxis der antiautoritären Erziehung* bei Rowohlt publiziert worden, nachdem es bereits 1965 mit dem Titel *Erziehung in Summerhill, das revolutionäre Beispiel einer freien Schule* bei einem Münchner Verlag erschienen war und nur zu mäßigen Verkaufserfolgen geführt hatte. Von 1969 bis 1972 wurden nun 950 000 Exemplare des Buches verkauft. Eine Ursache für diesen reißenden Absatz war augenscheinlich die geschickte Titelwahl. *Es ist der Titel des Verlags, nicht der meine. Verschiedene junge Deutsche versuchen, das Buch in ihrem Kampf für Kommunismus oder Sozialdemokratie oder was auch immer zu verwenden. Ich sage ihnen, daß das Buch nichts mit Politik zu tun hat.*[596] Ende der sechziger Jahre wurden in Deutschland im Gefolge der Studentenrevolte autoritäre Strukturen in allen Lebensbereichen, besonders aber im Bildungssektor, diskutiert. Zu diesem Zeitpunkt erschien das Buch, dessen Titel eine «Theorie der antiautoritären Erziehung» verhieß. Daß das Theoretisieren schließlich nicht Neills größte Stärke war, fiel den Käufern angesichts der humorvoll geschilderten autoritätsfreien Praxis in Summerhill nicht weiter auf. Und auch das Vorwort Fromms, in dem ausdrücklich steht, daß Neill keine Theorie liefere[597], wurde offenbar nicht aufmerksam gelesen.

Neill, der ein reges Interesse an der deutschen Rezeption seines Buches hatte – sie bescherte ihm und der Schule eine *teutonische Invasion*[598] –, griff selbst in die Diskussion ein und hatte – analog zu den wochenlangen Leserbriefauseinandersetzungen in der Erziehungsbeilage der «Times» – einen kleineren Streit mit einer Leserin der «Zeit». Am 7. August 1970 schilderte Neill in einem Artikel seine *Erinnerungen an Deutschland*, nämlich die Zeit zwischen 1921 und 1923, die er in Hellerau verbrachte. Dieser Schilderung war eine Buchrezension Hans Kriegers über *Theorie und Praxis der antiautoritären Erziehung* an die Seite gestellt worden. Bezugnehmend auf diese Rezension wurde in einer der darauffolgenden Nummern der Wochenzeitung ein Leserbrief abge-

Neill bei einer Self-government-Sitzung, um 1970

druckt, in dem eine Leserin radikale Kritik an der Schule übte. Sie schilderte das Schicksal ihrer beiden Geschwister, die in den zwanziger Jahren in Summerhill zur Schule gegangen waren und später ein Leben führten, das die Leserin nicht billigen konnte. Wiederum einige Nummern später rechtfertigte Neill sich: *Ihre Kritik ärgert mich nicht, macht mich nicht einmal traurig. Ich bin zufrieden, daß es im Laufe von fünfzig Jahren meines Wissens nach nur zwei Summerhill-Schüler gegeben hat, die einen*

Ena, Neills zweite Frau, Anfang der siebziger Jahre

Psychoanalytiker aufsuchen mußten, nur einen, der ins Gefängnis gekommen ist. Ich bin stolz auf unsere Schule. Und obwohl ich geschrieben habe, ein zufriedener Straßenkehrer wäre mir lieber als ein neurotischer Professor, hat Summerhill bisher noch keinen Straßenkehrer hervorgebracht.[599]

Bald darauf meldete sich Neill erneut zu Wort. In einem kurzen Leserbrief erläuterte der mittlerweile Siebenundachtzigjährige erstmalig sein Verständnis des Begriffs «antiautoritär»: *Summerhill ist dann antiautoritär, wenn unter «autoritär» die Herrschaft der Erwachsenen über die Kinder verstanden wird.*[600] Der Begriff war damals so in Mode, daß in einen Text Neills aus dem Jahr 1971 ein verkürztes «antiautoritäres Erziehungssystem»[601] hineinübersetzt wurde, wo im Original ursprünglich stand: *das Fehlen eines Systems der Autorität, das auf Furcht und Bestrafung basiert.*[602] Dabei war Neill nicht daran gelegen, die Kinder in Summerhill zum Aufstand gegen das politische Establishment zu erziehen. Solche Politisierung schien eher das Ziel der infolge der Studentenrevolte zeitgleich aufkeimenden Kinderladenbewegung in Deutschland zu sein, die den Begriff «antiautoritär» eigentlich prägte. Diese Bewegung wollte autoritäre Strukturen angreifen und Kinder ermutigen, sich gegen ungerechtfertigte Repressionen zur Wehr zu setzen. Die Gegner dieser Erziehungsrichtung sahen darin schnell eine Erziehung zum Klassenkampf – eine Kritik, der sich auch Neill plötzlich ausgesetzt sah, als sein Erziehungskonzept mit diesem Schlagwort verbunden wurde.

Überwiegend war die Berichterstattung über Summerhill jedoch positiv: Eine illustrierte Artikelserie mit dem Titel «Das Glück von Summerhill» erschien 1971, beginnend mit der ersten Ausgabe des «Zeit Magazins». Darin schilderte der Autor Rudolf Leonhardt in drei Folgen seine Begegnung mit «Alexander Sutherford [sic] Neill»[603] und der Schule.

Bereits im Sommer 1969 hatte Neill seine von den Werkräumen der Kinder getrennte persönliche Werkstatt aufgegeben und die Werkzeuge der Schule zur Verfügung gestellt. In dieser Zeit begann sein Interesse am Schulgeschehen nachzulassen, und er überließ seiner Frau Ena immer mehr Arbeit. Nach wie vor war er es jedoch, der die Schule repräsentierte, und die stark ansteigenden Besucherzahlen (an einzelnen Wochenenden waren bis zu 300 unangemeldete Gäste in Summerhill[604]) schmeichelten ihm genausosehr, wie sie ihm und der Schule allmählich zur Last fielen. Die Fremden drangen in alle Gebäude und Zimmer ein und kümmerten sich zum Teil nicht um die Einwände der Kinder. Diese äußerten daraufhin, daß sie sich wie Tiere in einem Zoo fühlten.[605] Die samstägliche Self-government-Sitzung konnte zum Teil wegen Überfüllung nicht regulär abgehalten werden.

Im Herbst 1971 verhängten die Schüler ein Besuchsverbot, was Neill einerseits kränkte, andererseits aber stark entlastete. Er hatte bereits kurz vorher einen Schlaganfall erlitten und einige Zeit im Krankenhaus verbracht.[606] Einhergehend mit dem Besuchsverbot kündigte Neill an, daß er keine Interviews mehr geben werde.[607]

Das Jahr 1971 brachte jedoch auch erfreuliche Ereignisse für Neill. So heiratete seine Tochter Zoë im September den Farmer Tony Readhead. Neill schrieb im November: *Sie scheint zufrieden damit zu sein, einer Brüderschaft von Tory-Leuten beizutreten, die nie von Freud oder vielleicht sogar Shakespeare gehört haben, aber sie hat sich dieses Milieu ausgesucht und scheint zufrieden damit zu sein, und es ist ihr Leben, gesegnet sei sie. Sie ist im zweiten Monat schwanger.*[608] *Bei der Hochzeit mußte ich feierlich auf Tony und Zoë […] anstoßen, und obwohl ich doch stundenlang ohne jede Nervosität Vorträge halten kann, hatte ich etwas Angst, eine kleine Rede zu halten, da hier so viele Gefühle mitschwangen.*[609]

Im September 1972 schrieb Neill: *Nachdem ich 50 Jahre lang für einen Nachfolger Rousseaus gehalten wurde, habe ich gerade «Emile» gelesen, mit einiger Enttäuschung, denn der Schmutzkerl wollte für seinen Zögling Freiheit in den Grenzen, die ihm sein Tutor setzt.*[610] Schon 1967 hatte Neill in *Talking of Summerhill* nahezu stolz berichtet: *ich habe Rousseau nie*

gelesen. Auch bei meinem Versuch, John Dewey zu lesen, hatte ich nicht viel Erfolg. Von Maria Montessori, die das Kind dem Apparat anpassen wollte, habe ich nichts gelernt.[611] In einer Diskussion mit Maria Montessoris Sohn Mario, die in den sechziger Jahren von einer amerikanischen Zeitschrift dokumentiert wurde, gelang es Neill wieder nicht, sich mit der Montessori-Methode anzufreunden. Er verwendete dieselben Argumente, die er bereits in den zwanziger Jahren gegen diese Methode angeführt hatte[612], obgleich er in seiner Anfangseuphorie bei der Gründung der internationalen Schule in Hellerau zusätzlich eine Montessori-Schule vorgesehen hatte.[613] *Vielleicht ist es so, daß die Montessori-Leute zu viel Wert auf die Annahme von Erwachsenen-Manieren legen. Ich habe so das Gefühl, ohne es beweisen zu können. Ich weiß nicht genug darüber, sehen Sie. Ich habe bloß so das Gefühl, daß dabei so was wie Erwachsenen-Manieren herauskommt.*[614] Auffälliges Merkmal dieser Unterhaltung war, daß Mario Montessori häufig das Thema wechselte, während Neill sich allzuleicht dazu verführen ließ, Anekdoten aus seinem pädagogischen Leben zu erzählen. Scheinbar einig gingen die beiden Vertreter so unterschiedlicher pädagogischer Konzepte auseinander, ohne einander tatsächlich nähergekommen zu sein.

1972 erschien in den Vereinigten Staaten Neills Autobiographie *Neill! Neill! Orange Peel! A Personal View of Ninety Years* (deutsch: *Neill, Neill, Birnenstiel!*). Neill hatte bereits im Juli 1967 angefangen, daran zu arbeiten, wie er in einem Brief an den amerikanischen Universitätsdozenten Joseph Kirschner schreibt: *Es war nett von Dir, mir anzubieten, meine Biographie zu schreiben. Eigentümlicherweise habe ich selbst vor einigen Wochen damit angefangen, murrend, weil ich finde, daß das einzig*

Das Schulgelände von Summerhill, um 1972

Interessante an einem Mann sein Werk ist, nicht wie er es geleistet hat. Es scheint nicht wichtig zu sein, daß Wilde ein Homo war oder daß Barrie, Carlyle und Ruskin impotent waren, oder auch, daß Dylan Thomas zu viel trank. Ich bin manches Mal froh gewesen, daß wir überhaupt nichts über Shakespeare wissen… denk an die Berge von Papier, die dann verbraucht worden wären.[615]

Neills Autobiographie besteht aus zwei Abschnitten. Der erste Teil wurde bereits 1939 auf Anraten Wilhelm Reichs geschrieben, als Neill bei ihm eine Analyse machte. Dieses Manuskript hatte er wiederholt Verlegern vorgelegt, die es jedoch zurückwiesen.[616] Die enorme Nachfrage nach *Summerhill* hatte Harold Hart veranlaßt, Neill vorzuschlagen, nun – in hohem Alter – einen zweiten Teil anzufügen. Dieser zweite Abschnitt unterscheidet sich stark von der chronologischen Erzählweise des ersten Teils. Hier faßt Neill (wie schon in *Talking of Summerhill*) Themenblöcke zusammen und schildert diskursiv beispielsweise seine Beschäftigung mit Psychologie, sein Verhältnis zum Glauben oder Wunschträumen und Enttäuschungen. Harold Hart hatte erneut Änderungen an dem Buch vorgenommen, die Neill nicht behagten.[617] So sollte der Titel ursprünglich *Neill, Neill, Banana Peel* lauten, wurde aber später in *Neill! Neill! Orange Peel!* abgeändert.[618] In England erschien das Buch ein Jahr später: 1973.

Zu diesem Zeitpunkt verschlechterte sich Neills Gesundheitszustand rapide. Seit geraumer Zeit hatte er starke Schmerzen und nahm, wie seinen Briefen zu entnehmen ist, häufig Medikamente dagegen.[619] Aufgrund eines Prostataleidens mußte er im Juli 1973 in eine Klinik. Hier bekam er weitere starke Medikamente, die seine Wahrnehmung trübten.

Neill und sein Hund «Biscuit», um 1972

Zeichnung des alten Neill von Ishbell McWhirter

So sagte er während eines Besuches von Michael Duane, dem ehemaligen Rektor der Risinghill School, und dessen Tochter Margaret, die in Summerhill als Hausmutter gearbeitet hatte: *O Margaret, Mädchen, ich hätte dich nicht zurücklassen sollen. Ich hätte die Courage haben sollen, daran zu glauben, daß du mit mir wächst.*[620] Damit meinte er Margaret Ritchie, in die er in Newport-on-Tay im Jahre 1906 verliebt gewesen war.

Nach diesem Klinikaufenthalt schlief Neill die meiste Zeit und nahm nur noch wenig Nahrung zu sich. Mitte September kam er in die Klinik im benachbarten Aldeburgh, wo er von einer ehemaligen Schülerin, Rae Wylie Thomas, betreut wurde. Sie versuchte, ihm die Angst vor einem schmerzhaften Tod zu nehmen.[621] Am 23. September 1973 starb er, aufrecht in einem Rollstuhl sitzend. Neben seinem Bett lag sein Lieblingsbuch «The House with the Green Shutters» von George Douglas Brown.[622]

Neill in seinen letzten Jahren

Neills Asche wurde auf dem Friedhof von Leiston in einem kleinen Urnengrab beigesetzt. Auf den Grabstein ließ Ena die schlichten Worte schreiben: «Alexander S. Neill 17. 10. 1883–23. 9. 1973 Founder of Summerhill School».

In den letzten Jahren war es stets Neills Sorge gewesen, daß das Ministerium nach seinem Tod die Schule schließen könnte. *Irgendein Minister könnte sagen: «Wir haben diese Schule geduldet, bis der alte Mann starb, aber wir können nicht länger eine Schule akzeptieren, wo die Kinder den ganzen Tag lang spielen können, ohne am Unterricht teilzunehmen.»* [623] Nichts dergleichen geschah, und die Leitung der Schule wurde – wie es damals Neills Wunsch gewesen war [624] – von Ena Neill übernommen, bis sie 1985 an Zoë weitergegeben wurde. *[...] insgeheim hatte ich den Wunsch, Zoë werde sich eines Tages meiner Arbeit und meinen Interessen zuwenden und nach mir Summerhill leiten* [625], hatte Neill 1972 geschrieben. *Ich verspüre kein freudiges Erbeben bei dem Gedanken, daß eines Tages in meiner Heimatstadt Forfar der Stadtrat an dem Haus Nr. 16 in der East High Street, wo ich geboren wurde, eine Gedenktafel anbringen lassen könnte* [626], schrieb Neill im gleichen Jahr. Tatsächlich wurde an dem Gebäude nie eine entsprechende Tafel angebracht. Am alten Schulhaus in Kingsmuir

Zoë Readhead, die heutige Leiterin von Summerhill, 1992

dagegen ließ Zoë im November 1983 eine Tafel befestigen, auf der steht: «Kingsmuir Primary School. A. S. Neill [1883–1972], der international berühmte Pädagoge und Autor, war zwischen 1889 und 1903 Schüler und pupil teacher an dieser Schule.»

1991 feierte Summerhill sein siebzigjähriges Bestehen. An der Feier nahm Zoë mit ihren vier Kindern teil: Amy, William, Henry und – dem zuletzt geborenen Jungen, Neill.

Nachbemerkung

Das Erziehungskonzept Summerhills bestand eigentlich nie aus festen Regeln und Elementen. Tatsächlich hat die Schule sich im Laufe der Zeit mit ihren wechselnden Schülerinnen und Schülern und den beteiligten Erwachsenen stets verändert. Die Grundüberzeugung Neills, der Glaube an «das Gute im Kind»[627] und das Beharren auf wenigen Grundstrukturen, die sich bereits früh als hilfreich erwiesen, sichern den Fortbestand und das Funktionieren der Schule seit über siebzig Jahren, wenngleich sie auch stets den Widerspruch der kontrollierenden Behörden und der Öffentlichkeit herausgefordert haben.

So ist der freiwillige Unterrichtsbesuch ein unverzichtbarer Bestandteil in der Pädagogik Neills. Das ebenso selbstverständliche «Self-government» hat die Freiwilligkeit zwar gelegentlich außer Kraft gesetzt,

Summerhill im Sommer 1993

sich selbst jedoch auch. Stets wurden beide charakteristischen Elemente Summerhills nach kurzer Zeit wieder eingerichtet.

Ziel der Pädagogik Neills ist es, Kindern zu ermöglichen, selbstsichere und psychisch ausbalancierte Menschen zu werden, die Interessen entwickeln und Standpunkte vertreten können und dabei Toleranz gegenüber den Interessen und Standpunkten anderer Menschen entwickeln. Traditionelle Bildungsgüter, die diese Ziele behindern würden, lehnte Neill ab. So wurde an seiner Schule kein Religionsunterricht erteilt – gleichwohl wurde niemand in der Ausübung seiner Religiosität behindert.

Neill lehnte die Überbewertung akademischer Bildung ab und legte großes Gewicht auf Kreativität und Emotionalität. So war in Summerhill stets das Einstudieren künstlerischer Ausdrucksformen wie Tanz, Theater, Malerei und plastisches Gestalten gleichgewichtig mit traditionellen Unterrichtsfächern.

Daß Neill Unterrichtsmethoden vernachlässigte, wurde häufig kritisiert. Dabei war es ihm lediglich wichtig festzustellen, daß es falsch sei, Dinge interessant zu machen, die Kinder uninteressant finden. Wenn Schülerinnen und Schüler Summerhills die Notwendigkeit erkannten, «langweilige» Bildungsgüter zu erlernen, um beispielsweise Prüfungen zu bestehen, waren sie dazu in verblüffend kurzer Zeit in der Lage.

Die Wirkung Alexander Neills auf das Erziehungswesen in der ganzen Welt läßt sich nicht objektiv einschätzen. Wenn es auch nur zu wenigen Gründungen weiterer freier Schulen wie Summerhill gekommen ist, so hat Neill doch durch die enorme Popularität seiner Bücher in den Köpfen der Menschen viel bewegt. Kindererziehung – darüber ist man sich inzwischen einig – sollte so wenig Zwänge und Zwangsmittel wie möglich anwenden, sie sollte demokratische und emanzipatorische Ziele verfolgen. Der Konsens hierüber ist nicht selbstverständlich, und noch vor wenigen Jahrzehnten hätten anderslautende Ansichten viel weniger Widerspruch erfahren als heute.

Ob die Popularität von Neills Schriften hierzu beigetragen hat oder nur aufgrund dieses Trends erreicht werden konnte, ist nicht feststellbar. Vermutlich war der Einfluß von Neills Ideen auf Eltern recht groß, die bestrebt waren (und stets sind), die Erziehungspraktiken ihrer eigenen Eltern nicht zu wiederholen.

Die professionelle Pädagogik ist in ihren Strukturen weniger beweglich. Viele der heutigen Lehrerinnen und Lehrer haben sich in der Summerhill-Euphorie der siebziger Jahre für ihr Pädagogik-Studium entschieden. Ihr Ziel war es, die Schule zu ändern, und Neills Beispiel sollte ihnen dabei behilflich sein. Deutlich erkennbar ist mittlerweile, daß sie damit keine maßgeblichen Änderungen im staatlichen Schulwesen bewirken konnten. Viele von ihnen haben sich darin etabliert und trösten sich mit Surrogaten ihrer einstigen Idealvorstellungen: Schülermitbestimmung an den öffentlichen Schulen besteht zumeist aus einer Karikatur des parlamentarischen Systems, und jedes Kurswahlsystem kann nicht darüber hinwegtäuschen, daß Kinder und Jugendliche keine wirklich freie Wahl haben. Ihnen wird von Anfang an Ballastwissen eingetrichtert, das in ihrem späteren Leben völlig unbedeutend sein wird und ihre Kindheit und Jugend mit Leistungsanforderungen und Prüfungsängsten durchsetzt.

Lebte Neill noch, wäre er noch immer der kompromißlose Kritiker der bestehenden Verhältnisse, der er zeit seines Lebens war.

Ihm war stets daran gelegen, eine breite Öffentlichkeit zu erreichen. Zu diesem Zweck schrieb er neunzehn humorvolle Bücher. Sein zwanzigstes, eine – seiner Meinung nach – etwas unglückliche Zusammenstellung älterer Schriften, brachte ihm im hohen Alter den internationalen Durchbruch. Dennoch wurde er, wohl auch wegen seines heiteren Stils, nicht recht ernstgenommen. Ins Deutsche beispielsweise wurden lediglich vier seiner Bücher übersetzt; die übrigen sind selbst an den Universitäten nicht gelesen worden. Der Neill-Boom der siebziger Jahre ist einer nüchterneren, aber auch ihrer spektakulären Aspekte beraubten Betrachtung Neills gewichen. Damals war Summerhill in aller Munde – fälschlich gleichgesetzt mit einer von verschiedenen – zum Teil gegenläufigen – Strömungen getragenen «antiautoritären Erziehung». Heute wird Summerhill als ein Relikt der reformpädagogischen Bewegung zu Anfang des zwanzigsten Jahrhunderts betrachtet.

Neills Schulkonzept gerät dadurch in Gefahr, zum historisch überalterten Reformschulmodell degradiert zu werden. Dabei bildet Summerhill nach wie vor eine radikale Alternative zum überkommenen öffentlichen Schulsystem.

An Neills Pädagogik wurde stets bemängelt, daß er mit Summerhill eine Insel schaffe, auf der die Kinder von der wirklichen Welt getrennt lebten. Jede Schule ist so eine Insel. Neills Schule befähigt Kinder bereits früh, ihre eigenen Interessen zu vertreten und gleichzeitig Rücksicht auf die Interessen anderer zu nehmen. Die Menschen in Summerhill stellen die meisten Regeln, die ihren Alltag bestimmen, selbst auf. Sie sind möglicherweise eher in der Lage, selbstbestimmte Entscheidungen zu treffen und auch konsequent zu verfolgen, als Kinder und Jugendliche, deren Leben jahrelang von Erwachsenen bestimmt wird.

Summerhill besteht seit 1921. Die Schule arbeitet seit ihrer Gründung weitgehend nach dem gleichen Grundmuster. Es mag – wie zu Neills Lebzeiten – Höhen und Tiefen im Schulleben geben, aber die Schülerinnen und Schüler bestimmen nach wie vor ihr Leben im wesentlichen selbst. Es sind wenige Kinder, die die Möglichkeit haben, selbstbestimmt aufzuwachsen. Neills Verdienst ist es, daß eine Anzahl von ihnen unter Bedingungen groß geworden ist, von denen die allermeisten Kinder nur träumen können. Doch: *Wenn man aufhört zu träumen, ist man tot.*[628]

Anmerkungen

Die Werke Neills werden lediglich mit seinem Namen und dem entsprechenden Ersterscheinungsjahr angeführt. Titel anderer Autoren, die in der Bibliographie enthalten sind, werden genauso behandelt. Zeitschriften, die häufiger zitiert werden, sind das «Friends of Summerhill Trust Journal» (= FOST) sowie das «Times Educational Supplement» (= TES).
Mein besonderer Dank gilt Jonathan Croall, Neills englischem Biographen, der mir den Zugang zu den von ihm zusammengetragenen Materialien von und über Neill im Planned Environment Therapy Trust Archive in Cheltenham/England ermöglichte.

1 Croall 1983b, S. 7
2 Neill 1926, S. 172
3 Croall 1983b, S. 8
4 Neill 1972, S. 23
5 Neill 1972, S. 19
6 Neill in: The Scots Magazine 15 (1931), H. 1, S. 12
7 Scotland, James: The History of Scottish Education. Volume Two. From 1872 to the present day. London 1969, S. 122f.
8 Neill 1972, S. 22
9 Neill 1972, S. 25
10 Neill in: New Era 13 (1932), H. 9, S. 294
11 Neill 1972, S. 27f.
12 Neill 1972, S. 203
13 Neill 1915, S. 118
14 Neill 1972, S. 47
15 Scotland a. a. O., S. 258f.
16 John Knox in: John Knox's History of the Reformation in Scotland, hg. von William Croft Dickinson. London u. a. 1949. Bd. II, S. 296
17 Knox a. a. O., S. 297
18 Neill 1972, S. 59
19 Neill 1972, S. 23f.
20 Neill 1921, S. 160
21 Neill 1915, S. 131
22 Neill in: Croall 1983a, S. 171
23 Neill 1915, S. 176
24 Neill 1921a, S. 221
25 Neill 1921a, S. 38ff.
26 Neill 1921a, S. 30
27 Neill 1926, S. 196
28 Neill 1915, S. 120
29 Neill in: The Scots Magazine 15 (1931), H. 1, S. 12
30 Neill in: Id-Magazine Sept. 1960, S. 3
31 Ebenda
32 Neill 1972, S. 72
33 Neill 1972, S. 81
34 Neill 1972, S. 72
35 Neill 1972, S. 78
36 Neill 1972, S. 74
37 Neill 1972, S. 75
38 Neill in: The Scots Magazine 15 (1931), H. 1, S. 12
39 Neill 1972, S. 77
40 Ebenda

41 Neill 1972, S. 78
42 Neill in: TES 6. Januar 1967, S. 33
43 Neill 1972, S. 76
44 Neill 1972, S. 83
45 Neill in: Id-Magazine Sept. 1960, S. 3
46 Neill 1972, S. 83
47 Neill 1972, S. 96
48 Neill 1972, S. 86
49 Croall 1983b, S. 34
50 Neill 1972, S. 91
51 Neill 1972, S. 94
52 Neill 1972, S. 91
53 Neill 1972, S. 95
54 Neill 1972, S. 92
55 Neill 1972, S. 93
56 Ebenda
57 Croall 1983b, S. 39
58 Knox a. a. O., S. 297
59 Neill 1972, S. 99
60 Neill 1972, S. 100
61 Neill in: Id-Magazine Sept. 1960, S. 4
62 Neill in: The Student 1912, S. 335 f.
63 Neill in: The Student 1912, S. 336
64 Neill in: The Student 1912, S. 315
65 Neill 1972, S. 107
66 Neill in: Id-Magazine Sept. 1960, S. 4
67 Neill 1967, S. 124
68 Neill 1972, S. 270
69 Neill 1972, S. 111
70 Neill 1926, S. 196
71 Neill in: Placzek 1981, S. 177
72 Neill 1972, S. 113
73 Neill 1972, S. 324
74 Neill 1972, S. 330
75 Neill 1972, S. 114
76 Neill 1923, S. 199 f.
77 Neill 1967, S. 79
78 Neill 1972, S. 118
79 Neill 1915, S. 113
80 Neill 1972, S. 120
81 Ebenda
82 Neill in: David Galloway Watson: Waiting Night Sketches, Edinburgh 1916, S. 12
83 Neill 1972, S. 305
84 Neill 1915, S. 193
85 Neill in: Id-Magazine Sept. 1960, S. 4
86 Neill zitiert in: Croall 1983b, S. 58
87 Neill 1972, S. 122
88 Neill 1915, S. 15
89 Neill 1915, S. 122, 142, 169
90 Neill 1915, S. 121
91 Neill 1915, S. 29 [Hervorhebungen im Original]
92 Neill 1915, S. 67
93 Neill 1915, S. 124
94 Neill 1915, S. 52
95 Neill 1972, S. 122
96 Neill 1915, S. 65
97 Neill in: TES 11. August 1967, S. 251
98 Neill 1915, S. 103
99 The New Age, 4. Februar 1915
100 Neill 1915, S. 57
101 Ebenda
102 Neill 1917, S. 542 f.
103 Neill 1915, S. 154
104 Ebenda
105 Croall 1983b, S. 97
106 Neill 1917, S. 474
107 Croall 1983b, S. 71
108 Croall 1983b, S. 77
109 Neill in: The Student 1912, S. 295
110 Neill 1917, S. 638
111 Neill 1972, S. 127
112 Ebenda
113 Neill 1972, S. 138
114 Neill 1972, S. 138 f.
115 Neill 1917, S. 520
116 Neill in: Id-Magazine Okt. 1960, S. 3
117 Wills, David: Homer Lane. A Biography. London 1964, S. 54 f.
118 Wills a. a. O., S. 129 ff.
119 Wills a. a. O., S. 135
120 Bazeley, E. T.: Homer Lane and the Little Commonwealth. London 1928, S. 89
121 Neill 1921b, S. 325 ff.
122 Neill 1915, S. 119
123 Wills a. a. O., S. 216 ff.
124 Neill 1949, S. 131
125 Croall 1983b, S. 83
126 Neill 1972, S. 139

127 Neill 1972, S. 140
128 Hemmings 1972, S. 14
129 Croall 1983 b, S. 88
130 Neill 1972, S. 141
131 Ebenda
132 Neill 1921 b, S. 385
133 Neill 1921 b, S. 385 ff.
134 Neill 1972, S. 141
135 Neill 1972, S. 213
136 Neill in: Croall 1983 a, S. 151
137 Croall 1983 b, S. 109 ff.
138 Neill 1972, S. 142
139 Neill 1972, S. 319
140 Neill 1921 a, S. 141 ff.
141 Neill 1972, S. 164
142 Neill 1972, S. 144
143 Hemmings 1972, S. 36 f.
144 Neill 1972, S. 168
145 Wills a. a. O., S. 202 f.
146 Croall 1983 b, S. 90 f.
147 Neill in: Croall 1983 a, S. 97
148 Croall 1983 b, S. 94
149 Neill in: The New Age, 4. Dezember 1919, S. 69
150 Neill 1921 b, S. 224
151 Neill 1921 b, S. 254, S. 278
152 Neill 1921 b, S. 290 ff.
153 Neill 1921 b, S. 341 f.
154 Neill 1921 b, S. 307
155 Neill 1921 b, S. 410
156 Croall 1983 b, S. 101
157 Ensor in: New Era 1 (1920), S. 67
158 Neill in: New Era 1 (1920), S. 67
159 Neill in: New Era 1 (1920), S. 74
160 Neill 1921 b, S. 417 ff.
161 Neill in: New Era 1 (1920), S. 73
162 Ensor in: New Era 2 (1921), S. 156
163 Neill in: New Era 2 (1921), S. 157
164 Neill 1921 b, S. 363
165 MacMunn, Norman: A Path to Freedom in the School. London 1914, S. 7 f.
166 Neill in: New Era 13 (1932), S. 297
167 Neill in: Croall 1983 a, S. 33
168 Croall 1983 b, S. 105
169 Neill in: New Era 1 (1920), S. 95
170 Croall 1983 b, S. 103 f.
171 Neill 1921 b, S. 454
172 Neill 1921 b, S. 249
173 Neill zitiert in: Croall 1983 b, S. 105
174 Neill 1926, S. 103
175 Neill in: New Era 2 (1921), S. 157
176 Neill in: New Era 2 (1921), S. 158
177 Ensor in: New Era 2 (1921), S. 155
178 Neill in: New Era 2 (1921), S. 157
179 Hemmings 1972, S. 36
180 Croall 1983 b, S. 106
181 Hemmings 1972, S. 36 f.
182 Croall 1983 b, S. 106
183 Boyd, William; Rawson, Wyatt: The Story of the New Education. London 1965, S. 70
184 Neill, Vortragsmanuskript 30. Juli – 12. August 1921, S. 63 (Planned Environment Therapy Trust Archive / Cheltenham)
185 Neill a. a. O., S. 66
186 Neill 1972, S. 220 f.
187 Boyd, William; Rawson, Wyatt a. a. O., S. 70
188 Neill in: New Era 13 (1932), S. 296
189 Neill in: New Era 2 (1921), S. 156
190 Neill 1923, S. 17
191 Neill 1923, S. 14
192 Neill 1972, S. 146
193 Hartmann, Kristina: Deutsche Gartenstadtbewegung. Kulturpolitik und Gesellschaftsreform. München 1976, S. 46 ff.
194 Neill in: New Era 2 (1921), S. 220 f.
195 Neill in: New Era 2 (1921), S. 221
196 Muir, Edwin: An Autobiography. London 1968, S. 199
197 Schulprospekt der Internationalen Schule, Christmas MCMXXI
198 Muir, Willa: Belonging. o. O. 1968, S. 79
199 Neill in: Id-Magazine Okt. 1960, S. 4
200 Neill in: New Era 2 (1921), S. 32
201 Neill in: New Era 2 (1921), S. 33
202 Neill in: Id-Magazine Okt. 1960, S. 4
203 Croall 1983 b, S. 120
204 Neill 1923, S. 148

205 Neill 1923, S. 149
206 Neill 1923, S. 134
207 Neill 1923, S. 72
208 Neill 1923, S. 100
209 Neill 1953, S. 133
210 Neill 1923, S. 104
211 Neill 1923, S. 132
212 Neill 1923, S. 133
213 Ebenda
214 Muir, Edwin a. a. O., S. 196
215 Muir, Edwin a. a. O., S. 201
216 Neill 1923, S. 219
217 Croall 1983 b, S. 115
218 Neill 1923, S. 167
219 Muir, Willa a. a. O., S. 75
220 Neill 1923, S. 27
221 Neill 1923, S. 121
222 Neill 1923, S. 138
223 Neill 1972, S. 148
224 Croall 1983 b, S. 116
225 Neill 1923, S. 119
226 Theil, Carl in: Internationale Erziehungsrundschau 2 (1921), H. 11/12, S. 88 f.
227 Neill 1972, S. 149
228 Neill 1923, S. 226 f.
229 Neill 1923, S. 253
230 H. Harless in einem Brief an P. Geheeb, 4. September 1922 (Archiv der Ecole d'Humanité)
231 Muir, Willa a. a. O., S. 76
232 Neill 1923, S. 165 f.
233 Harless in: Eva Cassirer u. a. (Hg.): Erziehung zur Humanität. Paul Geheeb zum 90. Geburtstag. Heidelberg 1960, S. 57
234 Harless in: Cassirer u. a.: a. a. O., S. 53
235 Neill 1923, S. 58
236 Neill 1972, S. 219
237 Neill in: Id-Magazine Okt. 1960, S. 4
238 Sinclair, Upton: World's End. London 1940, S. 11
239 Gespräch mit Dr. Daniel Wenzel, 8. Juni 1993
240 Neill 1923, S. 39 ff.
241 Neill in: Die Zeit, 7. August 1970, S. 14
242 Kafka, Franz: Tagebücher. Hg. von H.-G. Koch, M. Müller und M. Pasley. Frankfurt a. M. 1951, S. 541 f.
243 Kafka, Franz: Briefe 1902–1924. Frankfurt a. M. o. J., S. 418 [Hervorhebung von mir]
244 Neill in: Croall 1983 a, S. 155
245 Small in: Educational Theory 37 (1987), S. 180 f.
246 Muir, Willa a. a. O., S. 78
247 Neill 1924, S. 5
248 Neill 1972, S. 150
249 Neill 1926, S. 216
250 Pontesegger, Anton: Mister Neill und seine Rangen, in: ders.: Chronik der Marktgemeinde Sonntagberg, Sonntagberg 1988, S. 174 f.
251 Croall 1983 b, S. 126 f.
252 Muir, Edwin a. a. O., S. 208
253 Neill 1926, S. 220 f.
254 Neill in: Id-Magazine 1966, H. 16, S. 3
255 Neill 1926, S. 217
256 Croall 1983 b, S. 128 f.
257 Croall 1983 b, S. 130 f.
258 Mühlleitner, Elke: Biographisches Lexikon der Psychoanalyse. Die Mitglieder der Psychologischen Mittwoch-Gesellschaft und der Wiener Psychoanalytischen Vereinigung 1902–1938. Tübingen 1992, S. 321
259 Neill in: Anarchy 4 (1964), H. 39, S. 146
260 Neill in: Die Zeit, 7. August 1970, S. 14
261 Neill 1949, S. 155
262 Stekel, Wilhelm: Sadismus und Masochismus. Berlin/Wien 1925, S. 729 f.
263 Neill 1926, S. 165 [Hervorhebung im Original]
264 Neill 1924, S. 11 [Hervorhebung im Original]
265 Neill 1924, S. 5 [Hervorhebung im Original]
266 Neill 1972, S. 150

267 Neill in: Id-Magazine Okt. 1960, S. 5
268 Muir, Willa a. a. O., S. 108
269 Croall 1983 b, S. 134
270 Muir, Edwin a. a. O., S. 225
271 Muir, Willa a. a. O., S. 109
272 Anscombe in FOST-Journal No. 7, 1992, S. 10
273 Neill in: Id-Magazine Dez. 1960, S. 4
274 Neill zitiert in: New Era 5 (1924), H. 4
275 Neill 1972, S. 196
276 Neill 1972, S. 172
277 Neill in: Id-Magazine Okt. 1961, S. 18
278 Croall 1983 b, S. 142
279 Croall 1983 b, S. 171
280 Mannin, Ethel: Confessions and Impressions. London [4]1938 [zuerst 1930], S. 218
281 Mannin a. a. O., S. 221 [Hervorhebung im Original]
282 Mannin, Ethel: Green Willow. London 1928, S. 45 ff.
283 Neill 1926, S. 10
284 Neill 1926, S. 100 f.
285 Neill 1926, S. 172
286 Neill in: Id-Magazine Mai 1963, S. 4
287 Neill in: New Era 9 (1928), S. 70
288 Ebenda
289 Neill 1972, S. 154
290 Neill in: Blewitt 1934, S. 117
291 Neill 1926, Nachwort der Auflage von 1929, S. 261
292 Neill 1937, Nachwort der Auflage von 1948, S. 156
293 Neill in: New Era 9 (1928), S. 70
294 Neill 1972, S. 271
295 Croall 1983 b, S. 145
296 Croall 1983 b, S. 147
297 Croall 1983 b, S. 148
298 Neill in: Id-Magazine Dez. 1960, S. 4
299 Anscombe in FOST-Journal No. 7, 1992, S. 11
300 Croall 1983 b, S. 149 ff.
301 Russell, Dora: The Tamarisk Tree. My Quest for Liberty and Love. New York 1975, S. 200
302 Neill 1972, S. 153
303 Neill in: Croall 1983 a, S. 45
304 Neill 1972, S. 167
305 Russell, Dora a. a. O., S. 230
306 Neill in: Croall 1983 a, S. 8
307 Neill 1945, S. 16
308 Neill in: Placzek 1981, S. 48, 50, 57
309 Roazen, Paul: Freud and his Followers. New York 1975, S. 222
310 Neill in: Placzek 1981, S. 73
311 Neill in: Id-Magazine Dez. 1960, S. 4
312 Neill in: TES 30. Dezember 1966, S. 1552
313 Neill 1937, S. 90, 104
314 Anscombe, Brian in: FOST-Journal No. 7, 1992, S. 12
315 Neill 1972, S. 154
316 Neill in: New Era 10 (1929), S. 72
317 Anscombe, Brian in: FOST-Journal No. 7, 1992, S. 12
318 Karsen, Fritz in: Pädagogisches Zentralblatt 9 (1929), S. 593
319 Teilnehmerliste der Weltkonferenz in: Das werdende Zeitalter 7 (1928), S. 468
320 Rietz, Lisa in: Die Neue Erziehung 11 (1929), H. 10, S. 805 f.
321 Teilnehmerliste der Weltkonferenz, a. a. O., S. 468
322 Neill 1972, S. 333
323 Neill 1937, S. 107
324 Neill 1972, S. 343
325 Croall 1983 b, S. 177
326 Neill 1972, S. 289
327 Neill in: Croall 1983 a, S. 50
328 South African Sunday Express zitiert in: Neill 1937, S. 125
329 Neill 1937, S. 126
330 Croall 1983 b, S. 224
331 Neill 1972, S. 244
332 Neill 1972, S. 221
333 Neill 1972, S. 334
334 Neill in: New Era 4 (1923), S. 128
335 Neill in: Croall 1983 a, S. 5
336 Neill in: Croall 1983 a, S. 8

337 Neill 1932, S. 226
338 Neill 1932, S. 207
339 Neill 1967, S. 9
340 Neill 1932, S. 57
341 Neill 1932, S. 208
342 Neill in: Croall 1983 a, S. 7
343 Wells, John C.: A. S. Neill and the Scottish Tradition in Education. Edinburgh 1985 [Master of Education], S. 28
344 Neill 1932, S. 162 f.
345 Neill 1972, S. 272
346 Neill in: Placzek 1981, S. 34, 38, 50, 55
347 Neill in: Placzek 1981, S. 67
348 Neill 1936, S. 1, 2, 22, 25, 72
349 Mackenzie im Vorwort der Ausgabe 1986 von Neill 1915
350 Neill 1936, S. 134
351 Neill 1936, S. 158
352 Neill 1936, S. 192
353 Neill 1949, S. 11; 1953, S. 75; 1967, S. 121
354 Neill 1972, S. 148
355 Croall 1983 b, S. 246
356 Croall 1983 b, S. 247 f.
357 Neill 1939, S. 25
358 Neill 1936, S. 16
359 Neill in: Placzek 1981, S. 29
360 Neill 1972, S. 173 [Hervorhebung im Original]
361 Roazen a. a. O., S. 505 f.
362 Roazen a. a. O., S. 504
363 Boadella, David: Wilhelm Reich. Frankfurt a. M. 1988, S. 85 ff.
364 Neill in: Die Zeit, 7. August 1970, S. 14
365 Neill 1967, S. 125
366 Neill 1953, S. 153
367 Boadella a. a. O., S. 123
368 Neill 1972, S. 173
369 Placzek 1986, S. 33
370 Croall 1983 b, S. 255
371 Reich in: Placzek 1981, S. 32
372 Neill 1967, S. 87
373 Neill in: Croall 1983 a, S. 79
374 Neill 1949, S. 25; 1953, S. 31, 135; 1967, S. 75 f.
375 Neill in: Croall 1983 a, S. 9
376 Näf, Martin in: Hermann Röhrs (Hg.): Die Schulen der Reformpädagogik heute. Düsseldorf 1986, S. 102
377 Neill in: Croall 1983 a, S. 9
378 Neill 1972, S. 255 [Hervorhebung im Original]
379 Neill in: Croall 1983 a, S. 162
380 Neill 1972, S. 213
381 Neill 1939, S. 175
382 Neill 1939, S. 176 f.
383 Neill 1939, S. 115
384 Neill 1939, S. 108
385 Neill 1939, S. 189
386 A. Ferrière in einem Brief an P. Geheeb, 14. September 1939 (Archiv der Ecole d'Humanité)
387 Neill in: Croall 1983 a, S. 50 [Hervorgehobenes im Original deutsch]
388 Croall 1983 b, S. 265 ff.
389 Neill in: Croall 1983 a, S. 49 f.
390 Neill in: Placzek 1981, S. 73
391 Neill in: Placzek 1981, S. 126
392 Neill in: Croall 1983 a, S. 53
393 Neill in: Croall 1983 a, S. 50 f.
394 Neill in: Placzek 1981, S. 183
395 Neill in: Placzek 1981, S. 360
396 Neill in: Placzek 1981, S. 86
397 Neill in: Placzek 1981, S. 135
398 Neill 1972, S. 154
399 Neill in: Placzek 1981, S. 140
400 Neill in: Croall 1983 a, S. 217
401 Croall 1983 b, S. 291 f.
402 Neill in: Placzek 1981, S. 174
403 Neill in: Placzek 1981, S. 190
404 Neill in: Placzek 1981, S. 140, 145 f.
405 Neill in: Placzek 1981, S. 130
406 Neill in: Croall 1983 a, S. 52, 54
407 Neill in: Croall 1983 a, S. 55 [Hervorgehobenes im Original deutsch]
408 Neill in: Placzek 1981, S. 173
409 Neill 1945, S. 158
410 Neill in: Placzek 1981, S. 135
411 Croall 1983 b, S. 276
412 Neill in: Placzek 1981, S. 174
413 Croall 1983 b, S. 277

414 Neill in: Placzek 1981, S. 338
415 Brown, George Douglas: The House with the Green Shutters. o. O. 1901, S. 294
416 Neill in: Croall 1983 a, S. 136, 153
417 Croall 1983 b, S. 269
418 Neill in: Placzek 1981, S. 192
419 Neill in: Placzek 1981, S. 195
420 Reich in: Placzek 1981, S. 197
421 Croall 1983 b, S. 146
422 Croall 1983 b, S. 299
423 Croall 1983 b, S. 278 f.
424 Neill 1945, S. 121 ff.
425 Neill 1972, S. 183
426 Neill in: Winsten 1946, S. 144
427 Croall 1983 b, S. 338
428 Neill in: Winsten 1946, S. 143
429 Neill in: Winsten 1946, S. 145
430 Neill in: Winsten 1946, S. 141
431 Neill 1917, S. 526
432 Neill 1972, S. 232
433 Neill in: Placzek 1981, S. 224 [Hervorgehobenes im Original deutsch]
434 Neill in: Placzek 1981, S. 234
435 Neill in: Placzek 1981, S. 236
436 Neill in: Placzek 1981, S. 273 [Hervorgehobenes im Original deutsch]
437 Neill 1972, S. 221
438 Neill in: Placzek 1981, S. 280
439 Neill in: Placzek 1981, S. 299
440 Reich in: Placzek 1981, S. 283
441 Neill in: Placzek 1981, S. 288, 292
442 Neill in: Placzek 1981, S. 251
443 Neill in: Placzek 1981, S. 273
444 Boadella a. a. O., S. 168
445 Croall 1983 b, S. 326
446 Boadella a. a. O., S. 178 ff.
447 Neill in: Placzek 1981, S. 168 f.
448 Neill in: Croall 1983 a, S. 101 ff.
449 Neill in: Placzek 1981, S. 157
450 Wells in: Placzek 1981, S. 144
451 Neill 1949, S. 89, 119; 1953, S. 7, 24, 122; 1972, S. 328; Neill in: Placzek 1981, S. 144
452 Neill in: Placzek 1981, S. 322
453 Neill 1949, S. 104
454 Neill 1967, S. 29; 1972, S. 273
455 Neill in: Placzek 1981, S. 432, 465, 558
456 Placzek 1981, S. 327
457 Neill in: New York Times Magazine, 7. November 1948
458 Neill 1949, S. 50 f.
459 Neill in: Placzek 1981, S. 341 ff.
460 Neill in: Placzek 1981, S. 362
461 Neill in: TES, 26. Juli 1957, S. 1053
462 Neill 1953, S. 162 ff.
463 Neill 1949, S. 123, 144, 155
464 Neill 1949, S. 126 ff.
465 Neill 1949, S. 152
466 Neill in: Placzek 1981, S. 251, 294, 427
467 Croall 1983 b, S. 342
468 Neill in: Croall 1983 a, S. 57
469 Neill in: Die Zeit, 7. 8. 1970, S. 14
470 Neill in: Placzek 1981, S. 387
471 Neill in: Croall 1983 a, S. 58
472 Neill in: Placzek 1981, S. 402
473 Neill 1917, S. 488
474 Neill 1949, S. 47, 122
475 Neill 1949, S. 122
476 Neill 1953, S. 119
477 Neill 1949, S. 105
478 Neill 1953, S. 104
479 Neill in: Placzek 1981, S. 505
480 Neill 1953, S. 119 ff.
481 Neill 1967, S. 138
482 Neill in: Placzek 1981, S. 425
483 Croall 1983 b, S. 349
484 Croall 1983 b, S. 342
485 Neill 1949, S. 154 ff.
486 Neill in: Croall 1983 a, S. 138
487 Neill in: Croall 1983 a, S. 144
488 Neill 1972, S. 160
489 Neill in: Croall 1983 a, S. 138 f.
490 Neill in: Croall 1983 a, S. 224 ff.
491 Neill 1953, S. 7
492 Neill 1953, S. 105
493 Gespräch mit Zoë Readhead, 9. September 1993
494 A. Ferrière in einem Brief an P. Geheeb, 18. August 1956 (Archiv der Ecole d'Humanité)
495 P. Geheeb in einem Brief an A. Ferrière, 30. November 1939 (Archiv der Ecole d'Humanité)

496 Neill in: Placzek 1981, S. 556
497 Neill in: Placzek 1981, S. 559 f.
498 Boadella: a. a. O., S. 272
499 Neill in: Placzek 1981, S. 585
500 Boadella a. a. O., S. 301 f.
501 Boadella a. a. O., S. 299
502 Neill 1972, S. 178
503 Hemmings 1972, S. 154
504 Neill in: TES, 26. Juli 1957, S. 1053
505 Miller in: Croall 1983 a, S. 140 f.
506 Neill in: Croall 1983 a, S. 122
507 Neill in: Croall 1983 a, S. 61
508 Neill in: Croall 1983 a, S. 194
509 Neill in: Croall 1983 a, S. 195 f.
510 Röhrs, Hermann: Die Reformpädagogik als internationale Bewegung. Hannover [2]1983, S. 127 ff.
511 Näf in: Hermann Röhrs (Hg.): Die Schulen der Reformpädagogik heute. Düsseldorf 1986, S. 102
512 Neill in: New Era 10 (1929), S. 72
513 Neill in: Croall 1983 a, S. 195
514 Näf in: Röhrs 1986, S. 104
515 Näf in: Röhrs 1986, S. 105
516 Wagenschein in: Bildung und Erziehung 3 (1950), S. 641
517 Neill in: Croall 1983 a, S. 196 f.
518 Näf in: Röhrs 1986, S. 107 f.
519 Neill in: Croall 1983 a, S. 194
520 Neill 1945, S. 38
521 Neill 1967, S. 71, 153; vgl. auch Neill in: Adams 1971, S. 140
522 Zoë Readhead in: Croall 1983 b, S. 310
523 Neill 1972, S. 338
524 Neill in: Croall 1983 a, S. 195 f.
525 Neill 1953, S. 111
526 Croall 1983 b, S. 343
527 Neill in: Croall 1983 a, S. 64
528 Neill in: Croall 1983 a, S. 140
529 Neill in: Hart 1960, S. VII (dtsch.: 10)
530 Neill in: Hart 1960, S. 131, 159, 207
531 Neill in: Croall 1983 a, S. 146
532 Neill in: Croall 1983 a, S. 142 f.
533 Neill in: Croall 1983 a, S. 143
534 Fromm, Erich in: Hart 1960, S. XII (dtsch.: 14)
535 Fromm, Erich in: Hart 1960, S. XIII (dtsch.: 14)
536 Fromm, Erich in: Hart 1960, S. XV (dtsch.: 16)
537 Neill in: Croall 1983 a, S. 143
538 Croall 1983 b, S. 353
539 Hemmings 1972, S. 155
540 Neill in: Croall 1983 a, S. 222
541 Neill 1967, S. 54
542 Neill in: Croall 1983 a, S. 84 f.
543 Neill in: Croall 1983 a, S. 83 f.
544 Neill in: Croall 1983 a, S. 203 ff.
545 Neill in: Croall 1983 a, S. 204
546 Croall 1983 b, S. 354 f.
547 Neill in: William F. O'Neill (Hg.): Selected Educational Heresies. Glenview (Illinois) 1969, S. 208 f.
548 Neill in: Croall 1983 a, S. 219
549 Neill in: Croall 1983 a, S. 204 f.
550 Croall 1983 b, S. 382
551 Neill in: Croall 1983 a, S. 205
552 Neill in: Croall 1983 a, S. 148
553 Neill 1937, S. 207
554 Neill in: Croall 1983 a, S. 84
555 Neill 1967, S. 127
556 TES, 18. Oktober 1963, S. 521
557 Neill in: Croall 1983 a, S. 65
558 Neill in: Croall 1983 a, S. 73
559 Neill in: Croall 1983 a, S. 228 ff.
560 Neill in: Croall 1983 a, S. 224 ff.
561 Neill in: Croall 1983 a, S. 229
562 TES, 10. Mai 1966, S. 15
563 Neill in: Croall 1983 a, S. 207
564 Neill in: Croall 1983 a, S. 160 [Hervorhebungen im Original]
565 Bernstein, Emmanuel in: New Era 48 (1967), S. 30 f.
566 Neill in: Id-Magazine 10/1965, H. 15
567 Neill in: Adams 1971, S. 161
568 Neill in: TES, 17. Juni 1966, S. 1923
569 Mackenzie, Robert F.: State School. London 1970, S. 15
570 Neill in: Croall 1983 a, S. 20
571 vgl. Mackenzie, Robert F. in: TES, 6. Oktober 1967, S. 689

572 Neill in: Croall 1983a, S. 206
573 TES, 5. Juli 1968, S. 1
574 Neill in: Id-Magazine Okt. 1961, S. 16ff.
575 Bagnal, Nicholas in: The Sunday Telegraph, 16. Juni 1968
576 Morris, Ben u. a. in: The Times, 11. Juni 1968, S. 11
577 Neill 1972, S. 50
578 Neill in: Croall 1983a, S. 70
579 MacArthur, Brian in: TES, 3. Juli 1968
580 Neill in: Croall 1983a, S. 209
581 Neill in: Croall 1983a, S. 211f.
582 Petri, V. A. in: TES, 15. November 1968, S. 1097
583 Neill in: Croall 1983a, S. 209
584 Croall 1983b, S. 355f.
585 Bean, Orson zitiert in: Croall 1983b, S. 362
586 Neill in: Croall 1983a, S. 162, 164ff.
587 Neill in: Croall 1983a, S. 213
588 Ziemann, Winfried in: Amt für Kultur und Weiterbildung der Stadt Buxtehude [Hg.]: 20 Jahre Buxtehuder Bulle. Motivation zum Buch. Broschüre zum 20. Jubiläum des Kinder- und Jugendbuchpreises, Buxtehude 1991, S. 31
589 Neill 1936, S. 5, 118; 1953, S. 161; 1967, S. 132; in: Where 10/1971, S. 320; 1972, S. 214, 248, 285, 318, 344
590 Neill 1972, S. 344
591 Neill in: Croall 1983a, S. 41
592 Neill in: Croall 1983a, S. 40, 73, 91
593 Neill in: Croall 1983a, S. 26
594 Neill in: Blewitt 1934, S. 113
595 Neill 1953, S. 133
596 Neill 1972, S. 246
597 Fromm, Erich in: Hart 1960, S. XII (dtsch.: 14)
598 Neill 1972, S. 224
599 Neill in: Die Zeit, 2. Oktober 1970, S. 52
600 Neill in: Die Zeit, 30. Oktober 1970, S. 25
601 Neill u. a. 1975, S. 31
602 Neill in: Adams 1971, S. 145
603 Leonhardt, Rudolf Walter in: Die Zeit, 8. Januar 1971, S. 9 [Hervorhebung von mir]
604 TES, 12. November 1971, S. 11
605 Bernstein, Emmanuel in: Psychology Today 10/1968, S. 38
606 Croall 1983b, S. 387
607 TES, 12. November 1971
608 Neill in: Croall 1983a, S. 200
609 Neill 1972, S. 339
610 Neill in: Croall 1983a, S. 172
611 Neill 1967, S. 131
612 Neill 1921b, S. 249, 341f.
613 Neill in: New Era 2 (1921), S. 33
614 Neill in: O'Neill 1969, S. 204
615 Neill in: Croall 1983a, S. 157f.
616 Neill in: Croall 1983a, S. 144, 138, 148
617 Neill in: Croall 1983a, S. 171, 173
618 Neill in: Croall 1983a, S. 169
619 Neill in: Croall 1983a, S. 242ff.
620 Neill zitiert in: Croall 1983b, S. 409
621 Croall 1983b, S. 409
622 Duane, Michael in: TES, 28. September 1973
623 Neill 1972, S. 195
624 Summerhill-Schulprospekt 1975
625 Neill 1972, S. 339
626 Neill 1972, S. 237
627 Fromm, Erich in: Hart 1960, S. XII (dt.: 14)
628 Neill 1967, S. 137

Zeittafel

1883 17. Oktober: Geburt von Alexander Sutherland Neill als viertes Kind von George und Mary Neill (geborene Sutherland) in Forfar/Schottland
1888 Erster Schulbesuch im Alter von 4 ½ Jahren
1889 Umzug ins Schulhaus nach Kingsmuir
1897 Unterschiedliche Arbeitsverhältnisse scheitern nach kurzer Zeit
1899 Aufnahme der Tätigkeit als «pupil teacher» an der Schule des Vaters
1903 Annahme eines Lehrerpostens in Bonnyrigg südlich von Edinburgh; Abbruch nach acht Wochen.
Annahme eines Lehrerpostens an der Kingskettle School in Fife am 12. November
1906 Annahme eines Lehrerpostens an der Newport Public School bei Dundee; zusätzliche Beschäftigung als Privatlehrer
1908 Aufnahmeprüfung zur Universität, Qualifikation als «acting teacher».
Oktober: Aufnahme eines Landwirtschaftsstudiums an der Universität Edinburgh; nach einem Jahr Wechsel zu Englischer Literatur.
Herausgabe des Universitätsmagazins «The Student»
1912 Master of Arts mit «Second Class Honours» in Englisch.
Anstellung bei der Herausgabe einer «one-volume Encyclopedia» bei T. C. & E. Jacks; die Redaktion wird nach London verlegt
1913 Tätigkeit als Autor für den «Popular Educator» derselben Herausgeber in den Bereichen Englische Literatur, Sprache und Mathematik.
Aufnahme der Tätigkeit eines «art editor» beim «Piccadilly Magazine».
Mitgliedschaft in der «Westminster Labour Party».
Wegen Kriegsuntauglichkeit Annahme einer Stellung als Schulleiter der Gretna Public School im Südwesten Schottlands.
Als «inoffizielles» Schultagebuch entsteht *A Dominie's Log* (veröffentlicht 1915)
1916 Einberufung zum Kriegsdienst.
Besuch in Homer Lanes «Little Commonwealth», Bekanntschaft mit John Russell (King Alfred School).
Entlassung aus dem Militärdienst wegen Krankheit
1917 *A Dominie Dismissed*
1918 Dezember: Arbeitsaufnahme an John Russells «King Alfred School» in Hampstead
1919 *The Booming of Bunkie* erscheint.
Juli: Tod der Schwester Clunie.
Kurze Analyse bei dem Jungianer Maurice Nicoll

1920 Neill wird Mitherausgeber der Zeitschrift «New Era».
Vortragsreisen und Schulbesuche in England und Schottland
Hollandreise
1921 Teilnahme an der Gründungskonferenz der «New Education Fellowship» in Calais.
Teilnahme an einer Konferenz der «Women's International League for Peace and Freedom» in Salzburg.
Anschließend: Reise nach Deutschland, um über die dortigen Schulen zu berichten; Aufenthalt in Dresden an der Jaques-Dalcroze-Schule (Hellerau).
A Dominie in Doubt und *Carroty Broon* erscheinen.
Dezember: Gründung der «Internationalen Schule» in Hellerau
1923 Umzug der Schule auf den Sonntagberg in Österreich.
Analyse bei Wilhelm Stekel; Begegnungen mit Siegfried Bernfeld, Alfred Aichhorn und Otto Rank
1923 *A Dominie Abroad* (1921/22 entstanden) erscheint
1924 *A Dominie's Five or Free School!* erscheint.
Umzug der Schule nach England (Lyme Regis)
1926 *The Problem Child* wird veröffentlicht
1927 Heirat mit Lilian Neustätter.
Vorlesungsreisen zum Thema Sexualität in England.
Kauf des Hauses in Leiston/Suffolk; Umzug im Herbst.
Kontakte mit Bertrand und Dora Russell (Beacon Hill School)
1929 Teilnahme an der «New Education Fellowship»-Konferenz in Helsingør
1932 Veröffentlichung von *The Problem Parent.*
Siebenwöchige Südafrikareise
1934 Tod der Mutter im Alter von 79 Jahren
1935 Winter: Zusammentreffen mit Wilhelm Reich in Oslo
1936 *Is Scotland Educated?* erscheint
1937 *That Dreadful School* erscheint.
Korrespondenz mit Paul Geheeb.
Eine Reise in die UdSSR kommt nicht zustande, da Neill das Visum verweigert wird.
November: Tod des Vaters im Alter von 85 Jahren.
Aufnahme einer Analyse bei Wilhelm Reich in Norwegen
1938 *The Last Man Alive: A Story for Children from the Age of Seven to Seventy* erscheint
1939 *The Problem Teacher* erscheint.
Im Juni 1940 wird das Schulgebäude von der Armee requiriert, und Summerhill wird nach Ffestiniog in Nord-Wales verlegt
1944 30. April: Tod von Neills Frau Lilian
1945 *Hearts not Heads in the School* erscheint.
August: Rückkehr nach Summerhill.
Heirat mit Ena Wood
1946 Oktober: Geburt der Tochter Zoë
1947 April: Skandinavienreise.
Erste Reise in die USA, Besuch bei Wilhelm Reich
1948 Zweite Reise in die USA mit Ena und Zoë
1949 *The Problem Family* erscheint.

Die Schulinspektion, deren Protokoll später in *The Free Child* veröffentlicht wird, findet statt

1950 Gründung einer Fördergesellschaft durch Eltern.
Die für 1950 geplante dritte Reise in die USA scheitert daran, daß das Konsulat Neill das Visum verweigert

1953 *The Free Child* erscheint

1957 Erneute finanzielle Krise führt zur Gründung der «Summerhill Society».
3. November: Reich stirbt im Gefängnis

1959 Zoë wird an Paul Geheebs Ecole d'Humanité geschickt, der Aufenthalt wird im zweiten Semester abgebrochen.
Eine weitere Schulinspektion findet statt

1960 *Summerhill: A Radical Approach to Child Rearing* erscheint in den USA als Zusammenstellung aus den vier vorhergehenden Büchern Neills.
In den USA werden Schulen nach dem Vorbild Summerhills gegründet

1961 Neill muß nach der Blockade der Zufahrt zu den Stellungen von Polaris-Raketen in Holy Loch eine Nacht im Gefängnis verbringen

1963 Feier des achtzigsten Geburtstags, Neill bekommt ein Auto geschenkt

1966 *Freedom – not License!* wird in den USA veröffentlicht. Summerhill bekommt starken Zuwachs an amerikanischen Schülern und Schülerinnen.
Ehrendoktorwürde der Universität Newcastle

1967 *Talking of Summerhill* erscheint

1968 Eine weitere Schulinspektion droht, die Schule zu schließen.
Ehrendoktorwürde der Universität Exeter.
Dritte Reise in die USA im Alter von 85 Jahren (Talk-Show, Vorträge, Besuche in und um New York)

1969 Neill beginnt, sich aus dem Schulgeschehen zurückzuziehen

1971 Ehrendoktorwürde der Universität Essex.
Schlaganfall und Krankenhausaufenthalt.
September: Zoë heiratet den Farmer Tony Readhead

1972 *Neill! Neill! Orange Peel! A Personal View of Ninety Years* erscheint

1973 23. September: Alexander Neill stirbt in der Klinik in Aldeburgh.

Zeugnisse

Henry Miller

Ich kenne keinen Erzieher in der westlichen Welt, der mit A. S. Neill vergleichbar wäre. Es scheint mir, daß er allein steht. Die einzig mögliche Revolution, die einzig lohnende Revolution kann nicht von Politikern oder Militärs geschaffen werden, sondern von Erziehern. Rimbaud hatte recht, als er sagte: «Alles, was wir gelehrt bekommen, ist falsch.» Summerhill ist ein kleiner Lichtstrahl in einer Welt der Dunkelheit.

Klappentext zu: A. S. Neill, Summerhill. A Radical Approach to Child Rearing. Hg. von Harold Hart. New York 1960

Ethel Mannin

Kinder lieben Neill, weil er sie versteht; er ist ihr Freund. Er hat verblüffende Dinge mit Kindern angestellt, und wenn wir anstelle von Besserungsanstalten und Rettungshäusern, die niemals retten, überall im Lande glückliche Gemeinschaften, geleitet von A. S. Neill, hätten, würden die Statistiken über Jugendkriminalität einen enormen Rückgang verzeichnen.

Confessions and Impressions. London [4]1938, S. 221 f.

Sir Herbert Read

Summerhill ist der Name einer kleinen Schule, aber er kennzeichnet ein großes Erziehungsexperiment. In den vierzig Jahren seines Bestehens hat sein Gründer (entgegen vielen Widerständen und Schmähungen) eine einfache Wahrheit bewiesen: Freiheit wirkt. Ich nenne Neill neben Pestalozzi und Caldwell Cook einen der großen Reformlehrer, die Licht und Liebe an Orte bringen (in Familien wie auch in Schulen), wo vorher Tyrannei und Angst herrschten. Summerhill ist ein Name, der nie in den Annalen der Erziehung vergessen werden wird.

Klappentext zu: A. S. Neill, Summerhill. A Radical Approach to Education. London 1966

Erich Fromm

Neill besitzt den heute selten gewordenen Mut, an das zu glauben, was er sieht, und Realismus mit unerschütterlichem Vertrauen zu Vernunft und Liebe zu verbinden. Er achtet kompromißlos das Leben und das Individuum. Er ist Experimentator und Beobachter und kein Dogmatiker, der ein egoistisches Interesse an dem hat, was er tut. […] Ich glaube, Neills Werk ist Saat, die aufgehen wird. In einer neuen Gesellschaft, in der der Mensch und seine Entfaltung im Mittelpunkt

Die Büste Neills in der schottischen Nationalgalerie

aller Anstrengungen stehen, werden Neills Gedanken allgemeine Anerkennung finden.

Im Vorwort zu: A. S. Neill, Theorie und Praxis der antiautoritären Erziehung. Reinbek 1969, S. 17f.

R. F. Mackenzie

Nahezu allein ragt Neill hervor, ein unbeugsamer Pfeiler in der steigenden Flut.

State School. London 1970, S. 15

Max Rafferty

Ich könnte meine Kinder ebensogut in einem Bordell anmelden wie in Summerhill. [...] Herr Neill könnte ebensogut seinen kleinen Freunden beibringen, wie man sich die Fingerkuppen mit Sandpapier abschleift, damit sie keine Fingerabdrücke hinterlassen, und wie man in der Dunkelheit Safe-Kombinationen ausprobiert – und dann behaupten, dadurch bekämen sie eine gesündere Einstellung zum Geldschrankknacken.

In: Summerhill – Pro und Contra. Reinbek 1971, S. 19

Bruno Bettelheim

Summerhill ist Neill. Wenn Kinder nach Summerhill kommen, sind sie vom ersten Augenblick an umhüllt von Neill und von dem, wofür er eintritt und lebt. Überall ist der starke Einfluß seiner Persönlichkeit zu spüren, vor allem seine selbstverständliche Anständigkeit. Und früher oder später kommt es bei den meisten Kindern dazu, daß sie sich, sei es auch zögernd, mit ihm identifizieren.

In: Summerhill – Pro und Contra. Reinbek 1971, S. 89f.

Carl R. Rogers

Hier ist ein Mann, der den Mut hat zu l e b e n, was er glaubt: und was er glaubt, ist, daß Kinder am ehesten dann selbstbestimmte Individuen werden, wenn sie in einer Atmosphäre der Liebe, des Vertrauens, des Verständnisses und der verantwortlichen Freiheit leben.

Klappentext zu: A. S. Neill, Summerhill. A Radical Approach to Child Rearing. Hg. von Harold Hart. New York 1960

«Gordon schrie: ‹Mach der menschlichen Rasse keine Schande, Neill!›»
Zeichnung von F. K. Waechter für Neills Buch «Die grüne Wolke», 1971

Zoë Readhead
Als Vater war Neill warm, witzig, geduldig und besaß eine nahezu einzigartige Fähigkeit, sich einem nicht in den Weg zu stellen.

In: A Voice for Children 1 (1994), H. 10, S. 1

Angela Neustätter, Schülerin in Summerhill gegen Ende der fünfziger Jahre
Er war der schlechteste Mathelehrer der Welt, absolut hoffnungslos. Wir haben immer gestrickt.

In einem Interview mit Jonathan Croall, August 1979. Planned Environment Therapy Trust Archive/Cheltenham

Jonathan Croall
Neill – das fand ich schnell heraus – war eine komplexe Persönlichkeit, die sich schwer damit tat, sich in der Erwachsenenwelt zu bewegen; er fühlte sich wesentlich wohler unter Kindern.

In: Neill of Summerhill, London 1983, S. 2

The Times
Wenn Kinder überall in der Welt heute glücklicher in den Schulen sind, als es ihre Eltern einmal waren, ist das in nicht geringem Maße diesem rauhen, liebenswerten Schotten zu verdanken.

Nachruf auf Neill, 25. September 1973

Bibliographie

Schriften von Neill

a) Einzelausgaben

(in der Reihenfolge der Erstveröffentlichung. Im Text werden die erstgenannten Titel zitiert, die Quellenangabe in den Anmerkungen bezieht sich auf das Datum der Erstausgabe)

A Dominie's Log. London (Hogarth) 1986 [zuerst: London (Jenkins) 1915]

A Dominie Dismissed. In: The Dominie Books of A. S. Neill. A Dominie's Log. A Dominie in Doubt. A Dominie Dismissed. New York (Hart) 1975 [zuerst: London (Jenkins) 1917]

The Booming of Bunkie. London (Jenkins) 1919

Carroty Broon. London (Jenkins) 1921 [= 1921 a]

A Dominie in Doubt. In: The Dominie Books of A. S. Neill. A Dominie's Log. A Dominie in Doubt. A Dominie Dismissed. New York (Hart) 1975 [zuerst: London (Jenkins) 1921] [= 1921 b]

A Dominie Abroad. London (Jenkins) 1923

A Dominie's Five or Free School! London (Jenkins) 1924

The Problem Child. London (Jenkins) 1926

The Problem Parent. London (Jenkins) 1932

Is Scotland Educated? London (Routledge) 1936

That Dreadful School. London (Jenkins) 1948 [zuerst: London (Jenkins) 1937; deutsch: Selbstverwaltung in der Schule, Zürich (Pan) 1950]

Die grüne Wolke. Reinbek (Rowohlt) 1971 [zuerst: The Last Man Alive: A Story for Children from the Age of Seven to Seventy, London (Jenkins) 1938]

The Problem Teacher. London (Jenkins) 1939

Hearts not Heads in the School. London (Jenkins) 1949 [zuerst: London (Jenkins) 1945]

The Problem Family. London (Jenkins) 1949

The Free Child. London (Jenkins) 1953

Freedom – Not License! New York (Hart) 1966

Talking of Summerhill. London (Gollancz) 1968 [zuerst: London (Gollancz) 1967; deutsch: Das Prinzip Summerhill: Fragen und Antworten, Reinbek (Rowohlt) 1971]

Neill, Neill, Birnenstiel! Reinbek (Rowohlt) 1973 [zuerst: Neill! Neill! Orange Peel! A Personal View of Ninety Years. New York (Hart) 1972]

b) Essays (chronologisch in Auswahl)

The Abolition of Authority. Vortrag Neills vor dem New Era International Congress of Education in Calais, Vortragsmanuskript 30. Juli bis 12. August 1921 (Planned Environment Therapy Trust Archive/Cheltenham)

My School Days. In: Scots Magazine 15 (1931), H. 1, S. 7–13

Summerhill. In: Trevor Blewitt (Hg.): The Modern Schools Handbook, London (Gollancz) 1934, S. 113–126

The Art of Living. In: Apropos, No. 2, London o. J. (1944?) S. 1–7

Shaw and Education. In: S. Winsten (Hg.): G. B. S. 90. Aspects of Bernard Shaw's Life and Work, London (Hutchinson) 1946, S. 140–151

Der Mensch Reich. In: David Boadella: Wilhelm Reich, Frankfurt a. M. (Fischer) 1988, S. 331–337 [zuerst veröffentlicht in: Paul Ritter (Hg.): Wilhelm Reich, Nottingham (Ritter Press) 1958]

The Mystery of George Douglas Brown. In: Id-Magazine No. 13, Mai 1964, S. 13–15

Recollecting Homer Lane. In: Anarchy 4 (1964), H. 39, S. 144–146

Erinnerungen an Deutschland. In: Die Zeit, 7. August 1970, S. 14

Freedom Works. In: Paul Adams u. a. (Hg.): Children's Rights, London (Elek) 1972, S. 135–162 [zuerst: London 1971; dtsch: Neill, A. S. u. a.: Die Befreiung des Kindes, Frankfurt a. M. (Fischer) 1975, S. 9–39]

c) Aufsatzsammlungen

Hart, Harold (Hg.): Summerhill. A Radical Approach to Child Rearing. New York (Hart) 1960 [deutsch: Erziehung in Summerhill. München (Szczeny) 1965; später: Theorie und Praxis der antiautoritären Erziehung. Das Beispiel Summerhill. Reinbek (Rowohlt) 1969]

Lamb, Albert (Hg.): The New Summerhill. Harmondsworth (Penguin) 1992

Perry, Leslie R.: Bertrand Russell, A. S. Neill, Homer Lane, W. H. Kilpatrick. Four Progressive Educators. London (Collier-Macmillan) 1967

d) Briefe

Croall, Jonathan (Hg.): All the Best, Neill. Letters from Summerhill. London (Deutsch) 1983 [= 1983 a]

Placzek, Beverley R. (Hg.): Zeugnisse einer Freundschaft. Der Briefwechsel zwischen Wilhelm Reich und A. S. Neill 1936–1957. Köln (Kiepenheuer & Witsch) 1986

Sekundärliteratur

Child, H. A. T. (Hg.): The Independent Progressive School. London (Hutchinson) 1962

Croall, Jonathan: Neill of Summerhill. The Permanent Rebel. London/Melbourne/Henley (Routledge & Kegan) 1983 [= 1983 b]

Gravel, François: L'effet Summerhill. Montréal (Boréal) 1988

Hart, Harold, H. (Hg.): Summerhill pro und contra. Reinbek (Rowohlt) 1971

Hemmings, Ray: Fifty Years of Freedom. A Study of the Development of the Ideas of A. S. Neill. London (Allen and Unwin) 1972

Karg, Hans Hartmut: Erziehungsnormen und ihre Begründung in der Pädagogik von Alexander Sutherland Neill. Nürnberg 1983 [Diss.]

Kurzweil, Zwi Erich: Vorläufer progressiver Erziehung. Ratingen/Kastellaun/Düsseldorf (Henn) 1974

Popenoe, Joshua: Schüler in Summerhill. Reinbek (Rowohlt) 1971

Saffange, Jean-François: Libres regards sur Summerhill. Bern/Frankfurt a. M./New York (Lang) 1985

Segefjord, Bjarne: Summerhill-Tagebuch. München (List) 1971

Skidelsky, Robert: Schulen von gestern für morgen. «Fortschrittliche Erziehung» in englischen Privatschulen. Reinbek (Rowohlt) 1975

Snitzer, Herb: Living at Summerhill. A Photographic Documentary on A. S. Neill's Pioneering School. New York (Collier) [5]1971 [zuerst veröffentlicht unter dem Titel: Summerhill: A Loving World. New York (MacMillan) 1964]

Walmsley, John: Neill & Summerhill. A Man and His Work. Harmondsworth (Penguin) 1969

Wells, John C.: A. S. Neill and the Scottish Tradition in Education. University of Edinburgh, Edinburgh 1985 [Master of Education-Arbeit]

Wilson, Kara: Neill. Manuskript für ein Drehbuch. London 1993

Namenregister

Die kursiv gesetzten Zahlen bezeichnen die Abbildungen

Über den Autor

Axel D. Kühn, geboren 1962, studierte in Tübingen Pädagogik, Nordische Philologie und Religionswissenschaft und hielt sich zu Studienzwecken längere Zeit in Schweden und England auf. Seit Abschluß des Diplomstudiums arbeitet er am Institut für Erziehungswissenschaft der Universität Tübingen. Er wirkte in unterschiedlichen Forschungsprojekten mit und schrieb eine Dissertation über die autobiographischen Schriften Alexander S. Neills.

Quellennachweis der Abbildungen

Aus: A. S. Neill: Neill, Neill, Birnenstiel! Reinbek 1973: 2, 79, 99, 111, 112, 122

Jonathan Croall, Richmond, Surrey: 6 (Foto Libby Hall, London), 106, 127 (© Ishbell McWhirter), 148 (Foto Alan Thornhill, London)

Aus: Jonathan Croall: Neill of Summerhill. The Permanent Rebel. London, Melbourne, Henley 1983: 8, 10, 19, 24/25, 35, 36, 38, 39, 41, 43, 46, 47, 52, 55 (2), 63, 65, 68 links, 69, 70, 71, 85, 88, 89, 96, 115, 126

Aus: Ray Hemmings: Fifty Years of Freedom. A study of the development of the ideas of A. S. Neill. London 1972: 9, 11, 23, 32, 119, 121, 124, 125

The Hulton Deutsch Collection, London: 14/15, 26, 67, 91 (2)

Aus: A. S. Neill: A Dominie's Log. London 1986: 30

Sammlung des Autors: 31, 33, 131

Aus: A. S. Neill: «A go-as-you-please school». In: Hellerauer Blätter für Rhythmus und Erziehung, Heft III/IV, März 1923, S. 60: 53

Aus: A. S. Neill: A Dominie Abroad. London 1923: 59

Harry Ransom Humanities Research Center. The University of Texas at Austin: 60 (by permission of A. P. Watt Ltd on behalf of Ena Neill and Zoë Readhead)

Bildarchiv der Österreichischen Nationalbibliothek, Wien: 61

Prof. Dr. Alexandra Adler, New York: 68 rechts

Aus: Ernst R. Sandvoss: Bertrand Russell. Reinbek 1980: 74

Aus: A. S. Neill: The Problem Parent. London 1932: 76

Aus: A. S. Neill: The Last Man Alive. London 1938: 82, 149

Claude Ferrière, «L'Atelier des Champs», Troinex-Genève: 83

Tony Obert (Kanada): 94

Arthur Knight, Petaluma, Cal.: 103

Times Newspapers Ltd, London: 114, 128, 129

Aus: Joshua Popenoe: Schüler in Summerhill. Reinbek [2]1971: 116/117

Rowohlt-Archiv: 118 (Foto Guenther Wulff, Egenbüttel)

St. Albrecht/Brigitte G+J: 130

4506/5